Loretta Santini

UMBRIEN

KUNST UND GESCHICHTE

Herausgegeben und gedruckt von
plurigraf
NARNI - TERNI

EINFÜHRUNG

Umbrien: Das ist das Herz Italiens, das "Grüne Umbrien", aber auch das "Land der Heiligen und Krieger". Aber welche Bezeichnung trifft nun wirklich zu? Jede, denn Umbrien ist nicht nur wegen seiner geographischen Lage das Herz Italiens, sondern auch deshalb, weil in dieser Region sowohl die vergangene, als auch die heutige Zivilisation Italiens vereint ist. Nicht zu Unrecht wird diese Region auch das "Grüne Umbrien" genannt, denn weite Wälder auf den Bergen und in der hügeligen, sanften Landschaft sind für sie charakteristisch. Umbrien, das ist aber auch das Land der Heiligen, der Krieger und berühmter Maler. Wer kennt nicht den hl. Franz von Assisi, den Schutzpatron Italiens, der hier lebte, und die hl. Rita? Unter den grimmigen Kriegern sind Erasmo Gattamelata aus Narni, Braccio da Montone, Piccinino und Bartolomeo d'Alviano zu nennen; unter den Malern hingegen Perugino und Fra Bevignate da Perugia, Gattapone und Piermatteo d'Amelia, ganz abgesehen von den großen Künstlern wie Giotto, Benozzo Gozzoli, Raffael, Sangallo, Signorelli und Vignola, die in Umbrien tätig waren.

Aber nicht nur das ist Umbrien: Es ist auch das Land mit seiner sanften, stillen Landschaft und den zahlreichen mittelalterlichen Städten wie Perugia, Gubbio, Assisi, Spoleto, Todi und Orvieto, die bis heute ihre damalige Struktur erhalten haben.

Hinzu kommen unzählige, in der Landschaft verstreut liegende Städtchen mit mittelalterlichem Gepräge.

Diese sind besonders malerisch mit ihren stillen, engen Gäßchen, den Bögen, den Laubengängen und den dicht gedrängten, meist an die Felswand angebauten kleinen Häusern.

Umbrien, das oft als Stadt-Region bezeichnet wird, ist vor allem das Land der hundert mittelalterlichen Städte. Es ist eine menschliche, einfache, selbstbewußte, mystische und zugleich liebliche Region.

Aber auch eine Region, in der Vergangenheit und Gegenwart harmonisch ineinander übergehen: Geschichte, Brauchtum, Tradition, Kultur und das Kunstschaffen aus der Vergangenheit sind auch heute noch in Städten und Menschen Umbriens lebendig. Auch unter dem kulturellen, sozialen und wirtschaftlichen Aspekt hat Umbrien die Zeichen der heutigen Zeit zu deuten verstanden und sich ihnen angepaßt.

Dank seiner Vergangenheit hat sich hier der Umwandlungsprozeß nicht so kraß gezeigt, wie in so manch anderen italienischen Städten und Regionen.

Und das ist sicher auch einer der Gründe, weshalb das Umbrien unserer Zeit eine so beschauliche und erholsame Region ge-

blieben ist, sozusagen auf den heutigen Menschen zugeschnitten.
Hier kann er sich bei Wanderungen durch die weiten Wälder erholen und in der beschaulichen Stille an franziskanischen Stätten zu sich selbst zurückfinden. In seiner Erinnerung bleiben die sanfte umbrische Landschaft und die vielen Sehenswürdigkeiten zurück, wie schöne Kirchen, mittelalterliche Baudenkmäler und berühmte Kunstwerke.

Die geographische Lage

Umbrien dehnt sich auf einer Fläche von ungefähr 8500 Quadratkilometern aus und grenzt an die Toskana, die Marken und Latium.
Es ist die einzige Region Italiens, die keinen Zugang zum Meer hat. Perugia und Terni sind ihre beiden Provinzen.
Der Name dieser Region kommt von einem alten italischen Volksstamm, den Umbrern, die einen Großteil Mittelitaliens bewohnt und sich nach dem Vordringen der Etrusker auf das linke Tiberufer zurückgezogen hatten. Der Name Umbrien blieb auch in römischer Zeit erhalten, wobei dieses Gebiet ein weitaus größeres Territorium als heute umfaßte. Nach der Einigung Italiens (1861) erhielt dieses Gebiet endgültig seinen heutigen Namen, auch wenn es zu diesem Zeitpunkt einen Teil des Gebiets der Provinz Rieti umfaßte und nur eine Provinz hatte, nämlich Perugia.
Seine zweite Provinz, Terni, erhielt Umbrien 1927, nachdem es in dieser Stadt nach und nach zu einem bemerkenswerten industriellen Aufschwung gekommen war.
Dieser begann bereits 1882 mit einer Waffenfabrik und 1884 schließlich mit einem Stahlwerk.
Eine damit verbundene Bevölkerungszunahme führte zu einer Ausdehnung des Stadtgebietes.
Umbrien ist eine vorwiegend bergige Region; die höchsten Gipfel des umbrisch-markischen Apennins gehen nicht über 1500 m hinaus.
Die Ebenen sind deshalb sehr begrenzt und breiten sich vorwiegend in den beiden großen

Flußtälern aus, dem Tibertal, das diese Region von Norden nach Süden im westlichen Teil Umbriens durchzieht und dem Umbratal im Osten.
Fast überall verstreut liegen von Bergen umgebene kleine Talbecken.
Der Hauptfluß Umbriens ist der Tiber, dem die meisten kleineren Wasserläufe wie Nera, Chiascio, Topino und Paglia zustreben. Unter den Seen sind der Trasimener See und der von Piediluco bei Terni zu nennen. Charakteristisch für die schöne Landschaft sind die Marmore-Wasserfälle.

HISTORISCHE HINWEISE

Wie bereits erwähnt, war diese Gegend von altersher von den Umbrern besiedelt, einem italischen Volksstamm, der sich durch seine eigene Sprache vom indoeuropäischen Stamm unterschied, wie es auf den Eugubinischen Tafeln zu sehen ist, die heute im Palazzo dei Consoli in Gubbio aufbewahrt werden.
Die Umbrer besiedelten das gesamte linke Tiberufer von Gubbio bis Todi, Gualdo Tadino, Terni und Narni.
Rechts des Tibers hatten sich die Etrusker niedergelassen, die dann einen Teil des umbrischen Territoriums in Besitz nahmen und Perugia und Orvieto zu ihren wichtigsten Zentren machten.
Vom 4. vorchristlichen Jahrhundert an rückten die Römer vor, stießen dabei aber auf erheblichen Widerstand der Umbrer und Etrusker, die sich gegen den Feind verbündet hatten. Im 3. vorchristlichen Jahrhundert war bereits die ganze Region von den Römern eingenommen. In der Folge blühte die römische Kultur in diesem Gebiet auf, wie es auch heute noch vielerorts zu sehen ist.
Unverkennbare Zeichen einer zunehmenden Machtausdehnung und in gewissem Sinne auch einer Stärkung Umbriens sind die großen Verkehrswege, wie die Via Salaria und vor allem die Via Flaminia, die durch Umbrien führen. Am Ende des römischen Imperiums wurde Umbrien von Goten und Langobarden eingenommen. Letztere errichteten das Herzogtum Spoleto, das vom 8. Jahrhundert an nach und nach an den aufstrebenden Kirchenstaat fiel, der sich aber erst endgültig im 12. Jahrhundert unter Papst Innozenz III. festigen konnte. In dieser Zeit entstanden hier zahlreiche Kommunen, in denen Kunst und Kultur aufblühten, deren Zeugnisse bis zur heutigen Zeit erhalten sind. Politisch war diese Zeit von zum Teil heftigen Kämpfen und Auseinandersetzungen für die Erhaltung der Unabhängigkeit geprägt: Perugia, Assisi, Gubbio und anderen, kleinere Städte wurden zum Schauplatz zahlreicher Kriege und Auseinandersetzungen untereinander und gegen das Papstum.
Umbrien, das frühzeitig christianisiert wurde, war im 6. Jahrhundert die Heimat des hl. Benedikt aus Nursia, des Gründers des Benediktinerordens. Zur gleichen Zeit lebten und wirkten zahlreiche andere Heilige in Umbrien, vor allem aber der hl. Franz von Assisi. Seit dieser Zeit wird diese Region "Mystisches Umbrien" genannt.
Im 14. und 15. Jahrhundert bildeten sich verschiedene Stadtherrschaften (Signorie), wie die von Foligno, Città di Castello, Todi und Perugia, wo unter anderem eine der wichtigsten Universitäten der damaligen Zeit gegründet wurde. Durch die wachsende Machtausdehnung des Kirchenstaates wurden die Signorie politisch und gebietsmäßig immer mehr eingeengt. Seit 1500 konnte sich der Kirchenstaat mit der Einnahme von Perugia in Umbrien eine uneingeschränkte Machtposition erobern, die praktisch bis zur Eingliederung Um-

briens in das Königreich Italien andauerte (1861).

Umbrien, die Stadt-Region Kunst- und kulturhistorische Aspekte

Das heutige Umbrien ist eine einheitliche Region, da es in seiner Vergangenheit, seiner Tradition, seiner Geschichte und Kultur nicht allzu einschneidende Umwandlungsprozesse gegeben hat, wenngleich auch seine Zivilisation von verschiedenen Faktoren geprägt wurde.

Die Bevölkerungszahl hält sich mit rund 800.000 Bewohnern in Grenzen. Die gleichmäßig in ganz Umbrien aufgeteilten Wirtschaftszweige, die Eingliederung in die industrielle Entwicklung Italiens, und gleichzeitig auch die bewußte Pflege des Kunsthandwerks und aller anderer Kulturformen, die Jahrhunderte hindurch Umbrien die soziale und wirtschaftliche Grundlage gegeben haben: All das hat dazu beigetragen, daß sich diese Region ihre eigene Wesensart bewahrt hat und vor allem aber den Lebensbedingungen der heutigen Bewohner entspricht.

Aus diesem Grunde konnten unzählige kleine und große Orte ihr ursprüngliches mittelalterliches Aussehen bewahren.

Auch hier wird heute das überlieferte Kunsthandwerk weitergeführt, wie schöne Arbeiten in Keramik, Kupfer, Eisen und Holz zeigen.

Zentren dieser kunsthandwerklichen Erzeugnisse sind Deruta, Gubbio, Orvieto, Assisi, Città di Castello, Todi und Perugia. In Umbrien finden jährlich auch unzählige Veranstaltungen und Feste statt, die vergangene Zeiten lebendig erhalten sollen und deren Tradition fest in der Bevölkerung verwurzelt ist.

Zu den bekanntesten gehören das "Fest der Ceri" in Gubbio, das Ritterspiel, die "Quintana" in Foligno, der mittelalterliche "Calendimaggio" in Assisi und das Fest der Marmore-Wasserfälle in Piediluco. All diese Feste gehen auf eine jahrhundertealte Tradition zurück.

Besonders hervorzuheben sind die religiösen Feste, wie das "Corpus Domini" und das der "Palombella" in Orvieto.

In Assisi hingegen wird das Andenken an den hl. Franziskus und die hl. Klara besonders mit dem "Porziuncola"-Fest und dem "Fest der Vergebung" gefeiert. Aber auch wichtige und international bekannte Veranstaltungen, wie das "Festival der Zwei Welten" in Spoleto, die "Sagra musicale Umbra" und "Umbria Jazz" werden hier alljährlich durchgeführt.

Aus all diesem regen Interesse geht hervor, daß die Bevölkerung Umbriens sehr traditions- und kulturverbunden ist.

Abschließend soll auch die Küche Umbriens erwähnt werden. Sie ist eher einfach, verwendet aber vor allem die besten einheimischen Erzeugnisse, wie Olivenöl, Wein, Schweinefleisch (vor allem Wurst und Schinken aus Norcia). Hier findet man noch wie in alten Zeiten eine gesunde und unverfälschte Küche.

Die Teigwaren werden noch in der eigenen Küche zubereitet, Brot und Kekse, wie die bekannten "ciriole" und "strangozzi" im Holzofen gebacken. Auch Käse und Fleisch kommen aus der eigenen Gegend, wie Lamm-, Ziegen- und Schweinefleisch, aber auch Fisch.

Nicht vergessen werden darf das ausgezeichnete Olivenöl mit seinem unverkennbaren Geschmack, das in dieser Gegend hergestellt wird.

In einzelnen Gebieten, vor allem in der Umgebung von Norcia, findet man ausgezeichnete schwarze Trüffeln. Umbrien: Das ist Vergangenheit und Gegenwart, die beide eng miteinander verbunden sind. Das ist das wahre Umbrien.

PERUGIA

"*Augusta Perusia*" Unter diesem Namen wurde die Stadt von Kaiser Augustus wieder aufgebaut, nachdem sie von seinen Truppen im Krieg gegen Marc Antonius belagert und zum Großteil zerstört worden war. Vor der römischen Belagerung hatten sich hier Umbrer und Etrusker niedergelassen; letztere hatten vorher rechts des Tibers eine Kolonie gegründet. Zeugnisse ihrer blühenden Kultur sind bis heute erhalten. Als Perugia im 11. Jahrhundert Freikommune wurde, begann man, die Stadt mit neuen Bauten zu verschönern, die zum Teil auch heute noch erhalten sind. Politisch wurde Perugia häufig durch Kämpfe mit den benachbarten Städten Gubbio und Assisi erschüttert. Über Perugia regierten verschiedene "Signori", darunter das Geschlecht der Baglioni. Schließlich kam die Stadt unter die Aufsicht päpstlicher Legaten, die ihre Machtposition endgültig unter Papst Paul III. Farnese festigen konnten. Dieser ließ auch eine Burg errichten (Rocca Paolina), die zu einem wichtigen Stützpunkt des Kirchenstaats wurde. Damit unterstand Perugia dem Kirchenstaat bis zur Gründung

des Königreichs Italien. Ende des 18. Jahrhunderts wurde die Stadt vorübergehend von Napoleon belagert; während der Römischen Republik verlor der Kirchenstaat für kurze Zeit hier seine Macht. Perugia ist zweifelsohne eine der schönsten und eindrucksvollsten Städte Italiens. Die vielen Bauwerke, Kirchen und Palazzi machen diese Stadt zu einer Art Freilichtmuseum.

In Perugia ist vor allem die etruskische, römische, romanische und gotische Baukunst vertreten. Zudem haben hier berühmte Bildhauer und Maler ihre Werke hinterlassen. Die Stadt liegt 500 m hoch auf einem schmalen, von Gräbern umgebenen Felssporn. Der älteste Stadtkern stammt noch aus der Etruskerzeit und ist auch heute noch von mächtigen Stadtmauern mit Ausfalltoren umgeben: der Augustus- Bogen, die Porta Sola, die Porta della Mandorla (Mandeltor), die etruskische Porta Marzia, die Porta Trasimeno und die Porta di Sant'Ercolano. Weitere Tore stammen aus römisch-mittelalterlicher Zeit, die angelegt wurden, als die Stadt sich über die alten Stadtmauern hinaus auszudehnen begann. Auch heute hat Perugia sein Gepräge aus der Vergangenheit bewahrt, mit seinen steilen Treppen, den schönen alten Häusern, den malerischen Winkeln und dem herrlichen Ausblick auf die Ebene.

Piazza IV Novembre
Fontana Maggiore

Er ist einer der schönsten Plätze Italiens und zugleich auch Mittelpunkt Perugias. Umgeben von schönen Gebäuden steht in der Platzmitte die *Fontana Maggiore*. Dieser Brunnen wurde in der zweiten Hälfte des 13. Jahrhunderts von Nicola und Giovanni Pisano und Fra Bevignate aus Perugia errichtet.

Er hat zwei übereinander liegende, polygonale Brunnenbecken und ist von einer Treppe umgeben.

Der obere Teil wird von einer Bronzeschale mit der berühmten Dreinymphengruppe abgeschlossen. Besonders interessant ist der von Pisano mit Skulpturen versehene Brunnenrand. Dargestellt sind die Monate und Tierkreise, sowie die freien Künste und biblische Geschichten.

An den Ecken des oberen Beckens hat Pisano Statuetten von Heiligen, berühmten Personen und Tugenden angebracht.

Piazza IV Novembre.
Palazzo dei Priori,
Fontana Maggiore.

Dom (San Lorenzo)

Doch kommen wir nun zu den anderen Gebäuden der Piazza. In der Nähe des Brunnens erhebt sich auf einer Treppe die Seitenflanke des aus dem 14. Jahrhundert stammenden Doms San Lorenzo mit ihrer schönen Verkleidung aus weißem und rotem Marmor in geometrischer Musterung im unteren Teil. Das oben von einer Glaswand geschützte Kreuz wurde zum Gedenken an den tapferen Widerstand der Bewohner gegen die Armee Pauls III. aufgestellt. Dieser hatte der Stadt eine Salzsteuer auferlegt, gegen die Perugia entrüstet protestierte (1539).

An der Seitenflanke steht frei auf einer Treppe die Bronzestatue Julius' III., ein Werk des aus Perugia stammenden Vincenzo Danti.

Interessant ist auch die aus dem 15. Jahrhundert stammende, mit Cosmatenarbeiten ausgelegte Kanzel rechts vom Portal. Die aus dem 15. Jahrhundert stammende *Loggia des Braccio Fortebraccio* gehört nicht zum Domkomplex. Die im Barock wiederhergestellte Domfassade geht auf die nahe Piazza Danti zu. Das schöne Dominnere enthält wertvolle Kunstschätze. In diesem Zusammenhang soll auf die "*Cappella del Santo Anello*" (Kapelle des heiligen Rings) hingewiesen werden. Hier wird in einem prachtvollen Tabernakel aus Gold und Silber ein Ring aufbewahrt, der einer alten Überlieferung zufolge der Hochzeitsring der Madonna gewesen sein soll. Weitere Kunstschätze sind die *Bernhardinskapelle* (Cappella di San Bernardino), das imposante Chorgestühl des Presbyteriums von Giuliano da Majano und Domenico del Tasso sowie sehenswerte Gemälde und Skulpturen. Im nahen *Dommuseum* (Museo dell'Opera del Duomo) sind kostbare Gemälde, Schriftstücke und alte Handschriften aufbewahrt.

Die Loggia des Braccio Fortebraccio.

Der Innenraum der Kathedrale San Lorenzo.

Piazza IV Novembre, Fontana Maggiore, die Kathedrale San Lorenzo.

Palazzo dei Priori

An der Südseite der Piazza erhebt sich dem Dom gegenüber der Palazzo dei Priori, dessen gebogene Flanke längs der belebten *Via Vannucci* verläuft.

Er ist eines der schönsten und interessantesten Beispiele gotischer Baukunst und stammt aus dem ausgehenden 12. und dem beginnenden 13. Jahrhundert.

Die streng gehaltene, auf die Piazza weisende Fassade steht in Kontrast zu dem übrigen Gebäude.

Eine monumentale Freitreppe führt durch ein sehr schönes *Portal* in den Ratssaal, die "*Sala dei Notari*". Ein Laubengang steht an der Stelle der abgerissenen Kirche San Severo.

Auf Konsolen über dem gotischen Portal stehen *Greif* und *Löwe* in Bronze; letzterer besagt, daß die Stadt eine guelfische Kommune war.

Die Seite des Gebäudes zum Corso Vannucci (die andere führt auf eine enge Straße) ist wegen ihres gebogenen Verlaufes interessant.

Sehr schön sind auch die schmalen gotischen Triforien und das mit verschiedenen Ornamenten gerahmte Portal. Der Palazzo dei Priori mit seinem guelfischen Zinnenkranz fügt sich harmonisch in das Stadtbild ein. Im Palastinnern befindet sich der prächtig gestaltete Ratssaal, der von mächtigen Spannbögen überwölbt ist.

Die Wände sind mit verschiedenen Themenkreisen freskiert; sie stammen aus der Schule des Cavallini.
An den Wänden sind abwechselnd *Wappen von Bürgermeistern und Stadthauptmännern* (ganz hinten im Saal ist das des "Signore di Perugia" Braccio Fortebraccio da Montone zu sehen), Heiligenbilder, Legenden und *"Episoden aus dem Alten und Neuen Testament"* angebracht.

UMBRISCHE NATIONAL-GALERIE

Es ist die wichtigste Kunstsammlung umbrischer Meister aus dem 13. bis 16. Jahrhundert, die einen wohl einzigartigen Überblick über das Kunstschaffen dieser Zeit vermittelt. Die Galerie ist im 3. Stock im Salone dei Priori und den 24 angrenzenden Räumen untergebracht. Aus Platzmangel sollen an dieser Stelle nur die bekanntesten Werke genannt werden.
Zu sehen sind hier verschiedene Werke des Perugino (Pietro Vannucci, 1446 in Città della Pieve bei Perugia geboren), dessen Malerei sich durch sanfte Linien und Farbgebung auszeichnet, von denen auch sein Schüler Raffael beeinflußt wurde.
Zu seinen wichtigsten, hier ausgestellten Werken zählen: die *"Anbetung der hl. Drei Könige"*, die *"Wunder des hl. Bernhardin"*, der *"Tote Christus"*, eine *"Madonna"* und eine *"Pietà"*.
Zahlreich vertreten sind auch Maler des 13. und 14. Jahrhunderts, darunter Duccio di Buoninsegna, Taddeo di Bartolo, Salimbeni und vor allem Beato Angelico mit einer *"Madonna mit Kind"*. Weiters Benozzo Gozzoli mit der *"Geißelung"* sowie Piero della Francesca mit einem schönen Polyptychon. Außerdem umfaßt die Kunstsammlung zahlreiche Werke des Benedetto Bonfigli und des Pinturicchio.
Ein anderer Saal ist der Geschichte Perugias gewidmet.
Hier sehen wir unter anderem alte Dokumente, topographische Karten und Wappen.

Corso Vannucci.

Unten: Sala dei Notari (Ratssaal).

Banner der Mariä Verkündigung - Niccolò Alunno.

Auf der Seite daneben, oben: Die Anbetung der Könige - Perugino.

Unten: Madonna mit Kind und Heiligen - Benozzo Gozzoli.

SANCTVS HIERONIMVS
SANCTVS PAVLVS

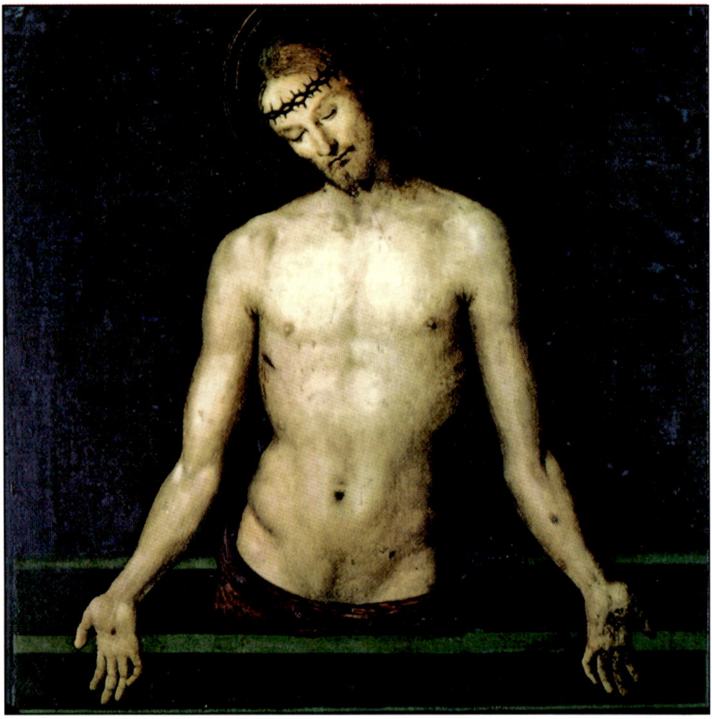

Oben: Toter Christus, Raffael zugeschrieben.
Unten: Madonna mit Kind und Heiligen - Domenico di Bartolo.
Auf der Seite daneben,
oben: Madonna mit Kind und Heiligen - Perugino.
Unten: Predella des mehrteiligen Tafelbildes der Dominikaner - Beato Angelico.

Saal des Händlerkollegiums
Sitz der Geldwechsler

Beide Säle befinden sich im Erdgeschoß des Palazzo dei Priori; zu ihnen gelangt man durch ein Portal vom Corso Vannucci aus. Im ersten Raum mit gotischer Holzverkleidung fanden die Sitzungen des Händlerkollegiums statt, im zweiten die Sitzungen der Geldwechsler.
Das "Collegio del Cambio" besteht aus einem Vestibül und dem Audienzsaal, einem der wichtigsten Beispiele für Renaissance- Raumgestaltung in Italien. An den Wänden hat Perugino berühmte Gestalten aus der Vergangenheit, biblische Themen und griechische Gottheiten freskiert. Hier ist unter anderem auch sein *Selbstbildnis* zu sehen.

Pietro Vannucci, genannt "Perugino" - Selbstbildnis.

Kapelle des hl. Johannes des Täufers - Giannicola di Paolo.

Saal des Händlerkollegiums (Sala del Collegio della Mercanzia).

Collegio del Cambio - Audienzsaal.

Kirche San Domenico Umbrisches Nationalmuseum für Archäologie

Die ursprüngliche Struktur der Kirche San Domenico geht auf das 14. Jahrhundert zurück. Auch nach dem Wiederaufbau des eingestürzten Mittelschiffs im 17. Jahrhundert nach Plänen Madernas konnte die Kirche ihr erhabenes und eher schlicht gehaltenes Aussehen bewahren. Das mächtige und eindrucksvolle Kircheninnere birgt auch hier zahlreiche Kunstschätze: ein elegantes Chorgestühl, Gemälde der umbrischen Schule und vor allem das interessante Grabmal Papst Benedikts XI., an dessen Ausführung hervorragende Bildhauer des 14. Jahrhunderts beteiligt waren. Ein lichtdurchflutetes Fenster öffnet sich in der Apsis.

Neben der Kirche befindet sich das *Umbrische Nationalmuseum für Archäologie.*

Es enthält bedeutende Funde aus prähistorischer, etruskischer und römischer Zeit, wie Graburnen, Architekturfragmente, Inschriften und verschiedene Skulpturen, die aus der Umgebung von Perugia und ganz Umbrien stammen.

Zur anfänglichen Schenkung der Familie Friggeri kamen im Laufe der Zeit andere Sammlungen hinzu, wie Funde aus Nekropolen und solche, die bei Ausgrabungen in den einzelnen Regionen ans Licht gekommen waren.

Die Kirche San Domenico.

San Pietro

Kommt man durch die Porta San Costanzo nach Perugia, gelangt man zunächst zum Borgo XX Giugno und danach zu den links liegenden *Frontone-Anlagen*, die sich oberhalb der von Braccio Fortebraccio angelegten Stadtmauer ausdehnen. Hier steht auch ein kleines *Amphitheater* aus dem 18. Jahrhundert. Rechts hingegen erhebt sich eine der schönsten und interessantesten Kirchen Perugias: die *Kirche San Pietro* mit ihrem schlanken und eleganten Glockenturm.

Ein Adliger aus Perugia, der später in den Benediktinerorden eintrat, ließ sie errichten. Im 17. Jahrhundert wurde ein Hof vorgebaut.

Das sehr schöne Kircheninnere enthält zahlreiche Gemälde und Skulpturen von großer Bedeutung, die hier aber nicht vollständig aufgezählt werden können. Erwähnt werden sollen jedoch eine Reihe kleinerer Gemälde des Perugino mit Darstellungen von *Heiligen* und vor allem der von Mino da Fiesole ausgeführte *Marmortabernakel*.

Sehenswert sind weiters der *Hochaltar* aus Marmor, Bronzen aus dem 16. Jahrhundert und das im Halbkreis der Apsis verlaufende Chorgestühl. Dieses ist ein Meisterwerk aus Intarsien und Holzschnitzereien; sicher ist es eines der schönsten Chorgestühle dieser Art in ganz Italien. Von einer offenen Terrasse hinter dem Chor hat man eine herrliche Sicht, die bis nach Assisi reicht. Im angrenzenden Kloster der Kirche hat heute die landwirtschaftliche Fakultät der Universität ihren Sitz.

Die Kirche San Francesco Das Oratorium San Bernardino

Vom Corso Vannucci kommt man durch den großen Bogen unter dem Palazzo dei Priori zur *Via dei Priori*, einer der belebtesten und charakteristischsten Straßen Perugias mit Kirchen und mittelalterlichen Häusern. Gleich zu Beginn sehen wir die schöne *Kirche Sant'Agata* aus dem 13. Jahrhundert und dann die im 17. Jahrhundert erbaute *Kirche San Filippo Neri*, die sich über einem hohen Treppenaufgang erhebt. Durch schöne, malerische Gäßchen mit seltsam klingenden Namen kommt man zur *Torre degli Sciri*, und schließlich zu einem reizvollen mittelalterlichen Winkel Perugias, der Piazzetta della *Madonna della Luce* mit der gleichnamigen Kirche und dem Etruskerbogen, die sogenannte Porta Trasimeno. Schließlich gelangt man zu einem großen Platz mit den *Kirchen San Francesco* und San Bernardino. Die dem hl. Franziskus geweihte Kirche ist die größere, stammt aus dem 13. Jahrhundert und wurde im Laufe der Zeit des öfteren umgebaut. Die zweite - ihre eigentliche Bezeichnung ist *Oratorio di San*

Bernardino - fällt durch die lebhafte Farbgebung ihres Äußeren auf. Agostino di Duccio erbaute sie Mitte des 15. Jahrhunderts an der Stelle, an welcher der hl. Bernhardin (Anhänger des hl. Franziskus) oft predigte. Eine Steinplatte füllt das Bogenfeld über dem Hauptportal. Seitlich stehen zwei Pfeiler mit Nischen und Skulpturen, die oben zusammenzulaufen scheinen, um den Eindruck vorzutäuschen, als ob sich der Bau nach oben hin verjünge. Interessant ist auch das Kircheninnere. Im ehemaligen Kloster der Kirche hat heute die Kunstakademie ihren Sitz.

PIAZZA MATTEOTTI

Auf dem Rundgang kommen wir von der Piazza IV Novembre zur Piazza Matteotti mit schönen Gebäuden, darunter der *alte Palazzo dell'Università* (Universität) und der *Palazzo del Capitano del Popolo* (Sitz des Stadthauptmanns) aus dem 15. Jahrhundert.

ROCCA PAOLINA (FESTUNG)

Auf der Via Baglioni kommen wir nun zur Piazza Italia. Von hier führt links die Via Marzia zur *Porta Marzia* und weiter zur Rocca Paolina. Das interessante Stadttor aus dem 2. vorchristlichen Jahrhundert wurde von Antonio da Sangallo d.J. zerlegt und einige Meter weiter entfernt neu aufgestellt und damit der päpstlichen *Festung Rocca Paolina* einverleibt.

Durch die Porta Marzia gelangt man in die Festung, die Papst Paul III. Farnese erbauen ließ, nachdem der Widerstand der Bürger von Perugia im sog. "Salzkrieg" gebrochen war. Mit ihr wollte der Kirchenstaat seine Macht über die Stadt festigen. Von der Rocca aus kommt man zu einem mittelalterlichen Viertel mit Palästen, Kirchen und vielen kleinen Straßen; umgeben ist es von Mauern und Bastionen, welche die Macht des Kirchenstaates zum Ausdruck bringen sollten.

Piazza Matteotti.

Rocca Paolina und Fonte Lomellina.

Man sollte sich dieses eindrucksvolle Viertel mit seinen alten Gebäuden unbedingt ansehen. Das Halbdunkel der malerischen Winkel, die Ausblicke, die sich von den Schießscharten der Festung bieten, all dies zusammen hinterläßt einen unvergeßlichen Eindruck. Die Vergangenheit scheint hier zwischen den gewaltigen Festungsmauern stillzustehen. In der Via Baglioni (Bild unten) werden nach und nach die beim Bau der Festung zugeschütteten Häuser des Geschlechts der Baglioni freigelegt.

Oratorio di San Bernardino.

Etrusker- oder Augustus-Bogen und Palazzo Gallenga

Ein anderer wichtiger Platz in Perugia ist die Piazza Braccio Fortebraccio, zu der man auf der abschüssigen Via Bartolo von der Piazza IV Novembre aus vorbei an mittelalterlichen Häusern, aber auch auf der Via Battisti gelangt, die längs der gewaltigen *etruskischen Stadtmauer* mit ihren großen Steinquadern verläuft und einen schönen Ausblick auf einen Teil der Stadt und die Umgebung bietet.

An der Piazza Fortebraccio steht der aus dem 18. Jahrhundert stammende, eher streng gehaltene *Palazzo Gallenga Stuart*, der heute Sitz der Ausländer-Universität ist. In Perugia, der Stadt mit langer Kulturtradition, die bereits seit dem 14. Jahrhundert Studienzentrum ist, wurde zu Beginn dieses Jahrhunderts die Ausländer-Universität gegründet, um italienische Sprache und Literatur in der Welt zu verbreiten und den Kulturaustausch mit dem Ausland zu fördern.

An diesem Platz erhebt sich auch der *etruskische Bogen*, der als eines der wichtigsten Baudenkmäler in Perugia gilt. Der gewaltige, stolze und eisenfarbige Bogen war einst der nördliche Zugang zum alten Etruskerzentrum und gleichzeitig auch das wichtigste Stadttor. Im Jahre 30 v. Chr. ließ ihn Kaiser Augustus ausbessern, im 16. Jahrhundert wurden dann ein schöner Brunnen und ein Laubengang im oberen Teil hinzugebaut.

Etruskischer oder Augustus-Bogen.

IPOGEO DEI VOLUMNI (VOLUMNIERGRAB)

Dieses Baudenkmal liegt am Rande Perugias an der Straße zur Brücke San Giovanni und zählt zu den besterhaltenen und interessantesten etruskischen Grabanlagen. Es wurde im 2. vorchristlichen Jahrhundert von der adligen Familie der Volumnier errichtet. Die Grabkammern sind ihren irdischen Wohnräumen nachgebildet, um auch nach dem Tode in der vertrauten Umgebung bestattet zu sein; dies gilt als Ausdruck der Fortdauer des Lebens nach dem Tode. Die Grabanlage ist in den Tuff gehauen und besteht aus einer hinunterführenden Treppe, einem Vestibulum, dem Atrium, dem Tablinum und verschiedenen Grabzellen. In den Räumen wurden Aschenurnen aus Sandstein und verschiedene Einrichtungs- und Gebrauchsgegenstände gefunden, die dem Toten als Ausstattung für das Leben nach dem Tode mitgegeben wurden. In den Grabzellen sind verschiedene Inschriften, Malereien und Basreliefs zu sehen. Der interessanteste Teil ist wohl das Tablinum (im römischen Haus war es der Arbeitsraum), wo die schönsten Gräber gefunden wurden. Es handelt sich um eine Gruppe von Aschenurnen, darunter die des Arun Volumnius, die die anderen überragt. Seine Statue als Familienoberhaupt ruht auf einem drapierten Sterbebett mit zwei Darstellungen von Todesgeistern. Zu beiden Seiten dieses Sterbebettes sind noch zwei andere zu sehen, die weiteren Familienmitgliedern gehörten, unter ihnen auch der Tochter des Arun. In der näheren Umgebung von Perugia wurden weitere interessante Gräber gefunden, wie z.B. die Tomba di San Manno, die Grabanlage bei Villa Sperandio und die von Bettona. Das besterhaltene und interessanteste in Anlage und Ausstattung jedoch ist das Volumniergrab.

Aschenurne von Arun Volumnio d'Aulo (2. Jh. v. Chr.).

DER TRASIMENER SEE

Einer Legende nach war Trasimeno, Sohn des Königs von Lydien, an der Westküste Italiens an Land gegangen und durchstreifte das Gebiet auf der Jagd. Er kam auch an diesen See, wo er sich hoffnungslos in die Wassernymphe Angilla verliebte. Nach der Hochzeit folgte er ihr in die Tiefe des Sees, der von dieser Zeit an seinen Namen erhielt.

Der Trasimener See mit seinem Umfang von 45 km. und einer Tiefe von 7 m. ist der größte See Mittelitaliens. Früher war er größer, jedoch waren die Ufer teilweise versumpft.

Später wurden Teile trockengelegt.

Aus dem See ragen drei Inseln: die Isola Maggiore, die Isola Minore und die Isola Polvese, die dank verschiedener Schiffsverbindungen von vielen Orten aus leicht zu erreichen sind.

Geschichtlich erlangte der See Berühmtheit durch die Schlacht, bei der 217 v. Chr. die Legionen des römischen Feldherrn C. Flaminius von Hannibal vernichtend geschlagen wurden.

Noch heute erinnert der Name der Ortschaft Sanguineto und der des Flusses Ossala an diese Schlacht.

Passignano sul Trasimeno

Wir kommen nun zum Städtchen Passignano sul Trasimeno, das sich am Seeufer und am Berghang ausdehnt.
Der eigentliche Stadtkern mit seinem mittelalterlichen Gepräge liegt auf der Anhöhe. Von diesem alten, über dem See gelegenen Ort sind Stadtmauern, Türme und Häuser aus dem 15. Jahrhundert erhalten.
Passignano sul Trasimeno im nördlichen Umbrien ist eine beliebte Sommerfrische.
Durch den regen Fremdenverkehr konnte sich das Städtchen zu einem bekannten Badeort entwickeln. Von hier aus besteht auch eine Schiffsverbindung zu den drei Inseln im See.
Die drei Inseln des Trasimener Sees, die *Isola Maggiore*, *Isola Minore* und *Isola Polvese* sind wunderschön. Letztgenannte ist die größte und ein Nationalpark der Provinz. Das hübsche Fischerdörfchen der Isola Maggiore hat die städtebaulichen und architektonischen Charakteristika aus dem 15. Jh. bewahrt.
Sehenswert sind hier die Kirche *San Michele Arcangelo* und die *Villa Isabella*. In dieser Ortschaft wird das Kunsthandwerk gepflegt, insbesondere das Spitzenklöppeln. Weitere Orte am See sind *San Feliciano* und das malerische *Monte del Lago*.
Ein anderer Ort in der Nähe ist *Tuoro sul Trasimeno*. Nicht zu vergessen sind die ebenfalls nahen Ortschaften Sanguineto, Ossala und Monte Gualandro, wo das römische Heer von Hannibal geschlagen wurde.
Nach *Magione* kommen wir an der Straße, die am See entlang führt, in einer Höhe von 650 m zum malerisch gelegenen Bergort *Castel Rigone* mit seinem schönen Blick auf den See und einem charakteristischen mittelalterlichen Baugefüge.
Sehenswert ist hier auch die Wallfahrtskirche Madonna dei Miracoli, ein schönes Beispiel für eine Renaissancekirche im umbrischen Stil.
Im Innern sind Fresken verschiedener umbrischer Meister aus dem 16. Jahrhundert zu sehen.

Castiglione del Lago

Der Ort liegt auf einer kleinen Halbinsel am Westufer des Sees. Früher war diese Ortschaft eine Insel und wurde durch den Rückgang des Wasserspiegels im Laufe der Zeit mit dem Festland verbunden.

Das Gebiet war bereits seit ältesten Zeiten bewohnt, wie es etruskische und römische Funde beweisen.

Im Mittelalter war Castiglione del Lago ein von verschiedenen "Signori" heiß umkämpftes Kastell; dazu zählten auch die Grafen Della Corgna, deren Palazzo und das mächtige Schloß auch heute noch zu sehen sind. Später wurde es dem Kirchenstaat einverleibt. Beim Rundgang durch den Ort sehen wir interessante Bauten, wie die *Kirche della Maddalena* mit dem Fresko, das wahrscheinlich Raffael oder ein Schüler des Perugino gemalt hat, den *Palazzo Ducale* der Della Corgna (heute Sitz der Gemeindeverwaltung) und vor allem das mächtige und streng gehaltene *Kastell* mit den schönen Türmen und den Stadtmauern.

Auch dieser Ort orientiert sich mehr und mehr an touristischen Maßstäben.

Città della Pieve

Diese schön im Val di Chiana gelegene Stadt war zunächst eine Etruskergründung, wurde später allerdings römisch (das antike Castrum Plebis). Hier wurde Perugino geboren, der Künstler, der der umbrischen Renaissancemalerei zu Weltruhm verhalf. Er hat seiner Geburtsstadt zahlreiche Gemälde hinterlassen: die "Adorazione dei Magi" ("Anbetung der hl. Drei Könige" in der Kirche Santa Maria dei Bianchi, wo sich auch weitere, von ihm signierte Werke befinden), die "Grablegung Christi" in der Kirche Santa Maria dei Servi, eine "Madonna mit Kind und Heiligen" und eine "Taufe Christi" im Dom; ein hl. Antonius und andere Heilige in der Kirche Sant'Antonio Abate. Die Anlage der Stadt ist vorwiegend mittelalterlich. Interessant sind der Dom (12. Jh.) mit gotischen Stilelementen, die zum Teil auch abgeändert wurden die Kirchen San Francesco (13. Jh.) und Sant'Agostino. Beeindruckend und imposant ist die Festungsanlage "Rocca" mit ihren schönen Wehrtürmen und der Palazzo Bandini, ein Bau Galeazzo Alessis.

Panicale

In diesem mittelalterlichen Ort haben Häuser, Stadtmauern, Paläste, Tore und Straßen noch weitgehend das ursprüngliche Gepräge bewahrt. Der Platz im Stadtzentrum wird durch antike Paläste (Palazzo Pretorio) und eine graziösen Brunnen verschönt. Interessant und sehenswert sind die *Kirchen San Michele und San Sebastiano*, wo Werke von Perugino wie ein "Martirio di San Sebastiano" und eine "Madonna" aufbewahrt werden. Nennenswert sind hier auch die Kirche Sant'Agostino und die Stadtmauer mit den Wachtürmen, die eifersüchtig über den Felsenhügel, auf dem sich Panicale erhebt, zu wachen scheinen. Von der Terrasse der Piazza della Vittoria aus erfreut man sich an einem herrlichen Ausblick in die Landschaft.

Umbertide

Das Städtchen antiken Ursprungs - zur Römerzeit trug es den Namen Pitulum - vergrößerte sich besonders seit dem 10. Jh. Hier sind mehrere interessante Bauwerke erhalten: die *Kirche Santa Maria* aus dem 16. Jahrhundert, die *Kirche Santa Croce*, wo eine schöne "Kreuzniederlegung" von Luca Signorelli zu besichtigen ist, und la Rocca, die Festungsanlage. In der Umgebung liegt das sehr schöne *Schloß von Civitella Ranieri*. Um-

Panicale - Panorama.

bertide ist berühmt für seine Keramik-Produktion.

Città di Castello

Im Mittelalter und in der Renaissance war das Städtchen eines der bedeutendsten kulturellen und künstlerischen Zentren: Hier waren so berühmte Künstler wie Raffael, Signorelli, Perugino, Pinturicchio, Della Robbia, Sangallo, Rosso Fiorentino und Vasari tätig. Auf dem Gebiet der Typographie und der Keramik waren hier die angesehensten Handwerker angesiedelt. Zu den wichtigsten Bauwerken zählen der gotische *Palazzo Comunale*, *Palazzo Vitelli* (16. Jh., der nach Plänen von Antonio da Sangallo dem Jüngeren ausgeführt und mit Fresken von Vasari dekoriert ist), der im 11. Jh. begonnene und mehrmals veränderte Bau des *Doms*, in dem eine großartige "Verklärung Christi" von Rosso Fiorentino aufbewahrt ist und zu dessen Kirchenschatz kostbare Kirchengeräte zählen. Außerdem sehenswert sind der *Palazzo del Podestà*, die *Kirche San Domenico* und andere religiöse Gebäude. Ein Bauwerk von großer Bedeutung ist die *Pinakothek*: neben der Nationalgalerie in Perugia ist hier die größte Sammlung umbrischer Kunst ausgestellt. An dieser Stelle können lediglich die wichtigsten Werke Erwähnung finden, wie einige Terrakotta-Arbeiten der Della Robbia-Brüder, Gemälde von Signorelli, Pomarancio, Raffael, Raffaellino del Colle und Ghirlandaio. Eine herausragende Persönlichkeit und bedeutender Neuerer der zeitgenössischen Kunst ist Burri. In seiner Geburtsstadt wurde ein Museum mit den meisten seiner Werke eingerichtet.

Città di Castello - Runder Glockenturm (12. Jh.) und Dom.

Umbertide - La Rocca (Festung).

GUBBIO

Hinweisschilder auf den Straßen Umbriens bezeichnen Gubbio zu Recht als die schönste mittelalterliche Stadt. Unter all den zahlreichen Orten dieser Gegend, die mit ihren Baudenkmälern und dem mittelalterlichen Gepräge eine reiche Geschichte haben, hat Gubbio mit seinen Straßen, den alten Palazzi, den Kirchen und Häusern am besten sein ursprüngliches Aussehen bewahrt. Im Mittelalter kannte es nicht nur eine wirtschaftliche Blüte, sondern war auch politisch gefestigt und ausdauernd in der Verteidigung seiner Unabhängigkeit als Freikommune.
Gubbio war ursprünglich vom alten Stamm der Umbrer besiedelt, die sich vom linken Tiberufer aus landeinwärts in östlicher Richtung ausbreiteten. Von dieser interessanten italischen Kultur zeugen in Gubbio gemachte Funde, wie vor allem die Eugubinischen Tafeln mit Gebeten und liturgischen Vorschriften einer Priestergemeinschaft in der alten umbrischen Sprache. Auch Münzen dieses altitalischen Stammes kann man zusammen mit den *Eugubinischen Tafeln* im Museum sehen, das im Palazzo dei Consoli untergebracht ist. Auch in der Umgebung wurden wichtige archäologische Funde gemacht.
Später kam Gubbio unter römische Herrschaft und änderte seinen ursprünglichen Namen Ikuvium in Iguvium. In dieser Epoche erlangte die Stadt eine gewisse Bedeutung; verschiedene Tempel und Theater wurden gebaut. Das wichtigste Amphitheater ist gut restauriert und kann besichtigt werden. Die alte römische Straßenordnung ist in Gubbio bis heute weitgehend erhalten. Auf der römischen Stadtstruktur wurde dann die mittelalterliche Stadt Gubbio errichtet.
Nach dem Untergang des Römischen Reiches und nach den Barbareneinfällen war Gubbio vom 11. Jahrhundert an Freikommune.
Ihre Stärke zeigte sich auch später in verschiedenen siegreichen Kämpfen gegen die benachbarten, oft miteinander verbündeten Kommunen und selbst gegen das mächtige Perugia. Zeichen einer zunehmenden politischen, wirtschaftlichen und kulturellen Bedeutung waren nicht nur die Kämpfe für die Bewahrung ihrer Unabhängigkeit, sondern auch die Zunahme ihrer Bevölkerungsdichte (damals 50.000 Einwohner), vor allem aber die Errichtung bemerkenswerter Bauten. Damit war eine Kunst- und Kulturblüte verbunden, die sich auch heute noch zeigt.
Später wurde die Stadt von verschiedenen "Signori" beherrscht, wie die Montefeltro, die Malatesta und die Della Rovere, und erst im 17. Jahrhundert kam Gubbio zum Kirchenstaat, dem es bis zur Schaffung des Königreiches Italien angehörte.
Gegen Ende des Zweiten Weltkrieges wurden auf dem Platz 40 Einwohner von Wehrmachtsangehörigen als Vergeltungsmaßnahme erschossen. Zur Erinnerung an diese traurige Begebenheit heißt dieser Platz heute "Platz der 40 Märtyrer". Das heutige Gubbio ist wegen seines historischen Stadtkerns mit den schönen Palästen und seines mittelalterlichen Gepräges interessant. Hier findet auch die wohl einzigartige historisch-folkloristische "Corsa dei Ceri" statt, auf die wir noch zu sprechen kommen werden. Aber auch andere bedeutende kulturelle Veranstaltungen werden in Gubbio durchgeführt.

Palazzo dei Consoli.

Aus Gubbio stammen berühmte Männer, wie Oderisi da Gubbio, den Dante im Fegefeuer seiner Göttlichen Komödie als "Ehre der Stadt" ("l'onor d'Agobio") erwähnt hat, und der Baumeister zahlreicher Festungen, Gattapone.
Zudem wird hier eine jahrhundertealte Keramik-Tradition bis heute fortgesetzt.

Palazzo dei Consoli

Er beherrscht das Stadtbild von Gubbio und erhebt sich mit seinem eleganten Bau über den dichtgedrängten Häusern.
Seine Front weist zur schönen Piazza della Signoria. Lange Zeit wurde angenommen, daß der gewaltige Bau mit seiner imposanten Struktur von dem aus Gubbio stammenden Baumeister Gattapone ausgeführt wurde. Sehr wahrscheinlich jedoch ist Angelo da Orvieto der Baumeister gewesen, worauf eine schwer zu deutende Inschrift über dem Portal hinweisen könnte. Der Palast wurde im Stil des Trecento (14. Jahrhundert) erbaut. In der Front öffnet sich ein schönes Portal, zu dem ein Treppenaufgang führt. Im oberen Teil ist eine Fensterreihe eingefügt; die glatten, nüchtern gehaltenen Backsteinwände haben Halbsäulen. Oben gliedern breite Strebepfeiler die Längsfronten. Das Obergeschoß darüber wird von einem Zinnenkranz abgeschlossen. Im eher nüchtern gehaltenen Innern sind das Archäologische Museum und die Pinakothek untergebracht. In dem großen Saal, der die gesamte Fläche des Palazzo einnimmt, wurden die Versammlungen der Konsuln abgehalten.
Hier wird vorwiegend archäologisches Material aufbewahrt, wie Aschenurnen, Inschriften, Sarkophage, die Rippen eines Mammuts, die von Ausgrabungen in der Umgebung stammen, und ein Gemälde von Nelli, eine "Madonna mit Kind".

Palazzo dei Consoli - Archäologisches Museum und Pinakothek

Im Archäologischen Museum, das sich im Palazzo dei Consoli befindet, werden die bereits erwähnten *Eugubinischen Tafeln* aus dem 3. bis 2. vorchristlichen Jahrhundert aufbewahrt. Es sind dies 7 Bronzetafeln, auf denen Ritenvorschriften und religiöse Bräuche der damaligen Zeit verzeichnet sind. Es ist das einzige erhaltene Dokument in altumbrischer Sprache. Die Tafeln sind teils in umbrisch-etruskischer, teils in umbrisch-lateinischer Sprache verfaßt, aber auch unter dem sprachlichen und kulturellen Gesichtspunkt sind sie ein wichtiges Zeugnis, denn sie lassen auf Sitten und Gebräuche dieses bedeutenden italischen Volksstammes schließen.

Ansicht des Pinakothek-Saals.

Palazzo dei Consoli - Eingangssaal.

In der *Pinakothek* finden wir eine umfassende Gemäldesammlung aus der Schule von Gubbio, aber auch der Toskana. Hier sind ebenfalls Skulpturen und Einrichtungsgegenstände aus verschiedenen Epochen zu sehen.

Oben links: Christus-Figur aus dem 14. Jh.
Oben: Tavola Eugubina.
Unten: Flügelaltar von Guido Palmerucci.
Nächste Seite: Madonna del Melograno, (Granatapfel-Madonna), wahrscheinlich ein Werk des Pier Francesco Fiorentino - Das Werk befindet sich nicht mehr in der Pinakothek, es wurde 1979 gestohlen.

Monte Ingino - Sant'Ubaldo - Die Corsa dei Ceri

Die "Corsa dei Ceri" ist ein bekanntes und überaus lebhaftes religiöses und folkloristisches Fest in einem. Hier trifft Heiliges mit Profanem zusammen, da die heidnischen Frühjahrsriten mit der Verehrung des Stadtpatrons ineinander verschmelzen.

An diesem Fest nimmt die gesamte Stadtbevölkerung teil. Der Lauf mit den schweren "ceri" beginnt unten in der Stadt, führt den Berg hinauf und endet schließlich vor der Basilika auf dem Monte Ingino.

Es ist immer wieder ein großes Erlebnis für die "ceraioli", die Träger der "ceri", für die Bevölkerung und selbst für die Zuschauer, die begeistert den Lauf verfolgen und für die einzelnen Träger Partei ergreifen.

Trommelwirbel begleiten diesen anstrengenden Lauf, bei dem die Träger Ausdauer und Geschicklichkeit zeigen müssen. Ursprünglich geht dieses Fest auf das Jahr 1154 zurück. Durch seine Fürbitte hatte damals Bischof Ubaldus den Sieg der Stadt Gubbio über 11 verbündete feindliche Kommunen erwirkt; aus Dankbarkeit beschloß man, alljährlich zu seinem Gedenken ein Fest zu begehen.

Nach und nach verschmolz das Fest "Corsa dei ceri" mit verschiedenen anderen lokalen Festen, die hier seit Jahrhunderten gefeiert wurden und teilweise heidnischen Ursprungs waren: Frühlingsfeste als Ausdruck der Dankbarkeit an die Natur als Lebens- und Fruchtbarkeitsspenderin.

Seit Jahrhunderten wird das Fest am 15. Mai begangen. Wie sehr Gubbio mit ihm verbunden ist, kommt darin zum Ausdruck, daß in Kriegszeiten die Corsa von Frauen durchgeführt wurde, da die Männer im Krieg waren. Die drei "Ceri" sind etwa 7 m hohe achteckige Holzkonstruktionen, die oben von je einem Heiligen gekrönt sind: Es sind dies der hl. Ubaldus als Patron der Stadt und der Maurerzunft, der hl. Georg als Patron der Händler und der hl. Antonius als Patron der Bauern.

Die Träger dieser Kerzen (ceraioli) sind mittelalterlich gekleidet: Fes, Halstuch, Hosen und Hemd in verschiedenen Farben, und zwar gelb für den hl. Ubaldus, blau für den hl. Georg und schwarz für den hl. Antonius. Das Fest läuft nach einem jahrhundertealten Ritual ab: Am 15. Mai um 11 Uhr heben die Träger die Ceri auf ihre Schultern und bringen sie durch die Straßen der Stadt zur Piazza della Signoria. Nach dem Segen und auf ein Zeichen des Bürgermeisters beginnt am Nachmittag der eigentliche entfesselte Lauf zur Basilika

Sant'Ubaldo auf dem Monte Ingino. Die Träger stürmen nun die enge und steile Straße zur Basilika hinauf; die mächtigen Ceri drücken auf ihre Schultern, so daß sie sich wiederholt abwechseln müssen. Es ist ein mühevoller und atemloser Wettlauf, der erst am Grabe des Heiligen in der Basilika auf dem Monte Ingino endet. Hier werden die Ceri aufgestellt und die Träger klopfen lautstark wie auf Trommeln auf die Holzkonstruktionen.

Recht ungewöhnlich ist auch die Art, wie der Sieger ermittelt wird: Sieger ist nicht der zuerst eintreffende Träger, da die am Ausgangspunkt festgelegte Reihenfolge (zuerst der hl. Ubaldus, dann der hl. Georg und schließlich der hl. Antonius) wegen der engen Straße nicht geändert werden kann. Der Sturz eines Cero gilt für die jeweilige Gruppe als Schande. Es ist geradezu eine Ehre für die Träger der ersten und zweiten Holzkonstruktion, wenn es ihnen gelingt, die dritte Gruppe weit hinter sich zu lassen und ihnen die Kirchentüre vor der Nase zu verschließen. Bejubelt werden auch die Träger der zweiten und dritten Gruppe, wenn es ihnen gelingt, nahe an die erste Gruppe heranzurücken, um sie aus dem Gleichgewicht zu bringen.

Einen weiteren signifikanten Eindruck von Gubbios Traditionsverbundenheit erhält der Besucher in der Weihnachtszeit, wenn der größte *Weihnachtsbaum* der Welt in vollem Glanz erstrahlt.

Die Stadt verdankt diese Idee einer Gruppe gläubiger Besucher der Basilika Sant'Ubaldo. Dieser Baum, der seit 1981 zu den Attraktionen der Stadt zählt, befindet sich wie die Basilika Sant'Ubaldo auf dem Berg Ingino, ist 350 m hoch und besteht aus 12 km Elektrokabeln, die 450 Glühbirnen zum Leuchten bringen.

PALIO DELLA BALESTRA

Dabei handelt es sich um eine Veranstaltung in traditioneller

Einige Phasen des Rennens Corsa dei Ceri.

Tracht und ein Turnier mit der Armbrust. Der Wettkampf findet zweimal järlich statt: im Mai auf der Piazza della Signoria in Gubbio und im September in San Sepolcro.
Am Palazzo Pretorio wird die Zielscheibe, der sogenannte "tasso" angebracht, der von den Wettkämpfern zu treffen ist. Der Sieger erhält als Siegespreis ein kostbares Tuch.
Bei dieser Veranstaltung zeigen auch Fahnenschwinger ihre Künste. Zwischen den einzelnen Stadtvierteln wird noch ein weiterer Wettkampf ausgetragen.
Eine interessante Reiseroute führt auch nach Oberumbrien, wo Städtchen wie *Scheggia*, *Sigillo*, *Gualdo Tadino*, bekannt für seine Keramikkunst-Werkstätten und die mittelalterlichen Monumente, und Nocera Umbra, dessen Name eng mit dem gleichnamigen Mineralwasser verbunden ist, einen Besuch lohnen.

Der größte Baum der Welt.

Il Palio della Balestra.

ASSISI

Als Schmuckstück des grünen Umbrien mit seinem mittelalterlichen Gepräge ist Assisi mehr als jede andere Stadt der Mittelpunkt religiösen und mystischen Ausdrucks. Hier wurde der hl. Franziskus geboren, Gründer des Franziskanerordens; hier lebte und wirkte auch die hl. Klara. Die ganze Stadt ist voller Erinnerungen an diese beiden Heiligen. Die bedeutendsten Bauwerke wurden zu ihrem Gedächtnis und zu ihrer Verehrung errichtet. Berühmte Künstler, vor allem aber Giotto, haben ihre Kirchen ausgeschmückt. Eine mystische und sanfte Stille erfüllt die Stadt; dieser Eindruck wird durch das mittelalterliche Gepräge mit dem aus rosafarbenen Stein vom Monte Subasio erbauten Häusern und den malerischen Winkeln unterstrichen. Der Ursprung der Stadt geht auf eine alte umbrisch-etruskische Siedlung zurück. Zur Römerzeit war sie ein römisches Gemeinwesen mit dem Namen Asisium; Reste davon sind noch bis zur heutigen Zeit erhalten. Nach Barbareneinfällen wurde Assisi Freikommune und verteidigte seine Unabhängigkeit vor allem gegen seine mächtige Feindin Perugia. An diesen Kämpfen hatte auch der junge Francesco teilgenommen. Nach seinem Tode (1226) wurden schöne Kirchen errichtet, die von verschiedenen Künstlern ausgeschmückt wurden, vor allem von Giotto.

Während der Renaissance war Assisi Sitz verschiedener Signorie (Stadtherrschaften) und kam gegen Ende des 16. Jahrhunderts zum Kirchenstaat. Assisi ist heute ein wichtiger Anziehungspunkt für Pilger und Kunstbegeisterte aus aller Welt. Das Interesse gilt vor allem den schönen Bauwerken und Kunstschätzen, am meisten jedoch der Basilika mit den Fresken von

Giotto. Von Bedeutung sind aber auch verschiedene religiöse und kulturelle Veranstaltungen, die im Zeichen des hl. Franziskus und der hl. Klara stehen.

Die Basilika San Francesco

Geht man durch die Straßen Assisis zur Basilika, so führt der Weg zunächst durch die Porta San Francesco auf die charakteristische Via Frate Elia und schließlich zum Vorplatz der Unterkirche. Nach der engen Straße öffnet sich plötzlich der weite Platz mit der klaren und harmonischen Fassade der Unterkirche. Er ist an seinen Längsseiten von niedrigen Laubengängen begrenzt, wo sich einst Pilger und Kranke aufhielten, die hierher zum Grab des Heiligen gekommen waren. Die stille und fast feierliche Atmosphäre entspricht ganz dem Geist des hl. Franziskus und seines Ordens. Im Hintergrund des Platzes liegt neben dem Oratorium des hl. Bernhardin und dem Eingang zum Kloster das elegante Portal der Unterkirche. Die Fassade hat ein gotisches, reich verziertes Doppelportal; die kleinen Säulen aus rotem Sandstein sind mit Blattkapitellen verziert. Im oberen Teil setzen sie sich als Rundstäbe fort. Die Eleganz und Schönheit der Fassade wird durch das harmonische Zusammenspiel von Farbe, Marmor und Mosaikausschmückung unterstrichen. Die zu Ehren des Poverello von Assisi erbaute großartige Kirche erblickt man bereits von der Talsenke aus als imposanten Gebäudekomplex mit den wuchtigen Mauern und den terrassenförmig angelegten Blendarkaden. Die Kirche fasziniert vor allem wegen ihrer recht ungewöhnlichen baulichen Struktur, ihrer heiteren Mystik und der herrlichen Fresken wegen. Es ist ein Ort tiefer seelischer Ruhe, die den Besucher sofort umgibt. Mit dem Bau der Kirche wurde 1228, nur zwei Jahre nach dem Tode des Heiligen, begonnen. Der architektonische

Plan wird heute dem Bruder Elia zugeschrieben, der nach Franziskus den Orden der Minderbrüder leitete. Auch Papst Gregorius IX. hatte auf dem Bau dieser Kirche bestanden. Nach dem Tode Bruder Elias wurde die Kirche unter der Leitung verschiedener Baumeister weitergeführt und vollendet.
Aufgrund der Hanglage gliedert sich die Basilika in zwei übereinander liegende Kirchen (die dritte bildet die Krypta, in welcher die sterbliche Hülle des Heiligen ruht). Bereits 1230 war ein Großteil dieses gewaltigen Bauwerkes beendet, so daß der Leichnam des Heiligen feierlich hierher überführt werden konnte. Der Bau an sich war 1253 fertiggestellt; die Ausschmückung erfolgte erst später.

Der hl. Franziskus

Assisi ist mit dem Leben und Wirken des hl. Franziskus eng verflochten. Seine zutiefst menschliche und zugleich faszinierende Persönlichkeit ist auch den Menschen von heute verbunden.
Er ist der Patron Italiens und seit neuestem auch des Umweltschutzes. Als Sohn eines wohlhabenden Kaufmanns wurde er 1182 in Assisi geboren. Seine frühen Jugendjahre waren fröhlich und unbeschwert. Wie so viele andere junge Männer seiner Vaterstadt nahm auch er an den Kämpfen gegen das mächtige Perugia teil. Durch eine Krankheit, die ihn lange Zeit ans Bett fesselte und die ihn über den wahren Sinn des Lebens nachdenken ließ, fand er nach und nach zur Bekehrung, die sein Leben grundlegend verändern sollte. Nachdem er öffentlich vor seinen Eltern, dem Bischof und seinen Mitbürgern die kostbaren Gewänder abgelegt hatte, begann für ihn ein neues Leben, ein Leben in Buße und Armut. Bald folgten ihm andere junge Leute nach, unter ihnen die spätere hl. Klara. Er gründete eine Gemeinschaft und stellte Regeln auf, nach denen sich die neue Gemeinschaft richten sollte. Diese stützten sich

vor allem auf die drei Grundsätze Armut, Keuschheit und Gehorsam. Er strebte nun eine offizielle Bestätigung seines Ordens durch den Papst an, die er auch schrittweise unter zwei Päpsten erhielt. Die erste erfolgte unter Papst Innozenz III. als formale Billigung, die zweite durch Honorius III., der 1223 offiziell den Orden der Minderbrüder (Minoriten) bestätigte. Franziskus zog durch Italien und kam auch in fremde Länder, um das Wort Christi zu verbreiten, vor allem aber, um die Menschen zu den grundlegenden Werten des Glaubens zurückzuführen: Reinheit im Herzen, Demut, Verzeihung, Einfachheit und Liebe zu allen Kreaturen. Er starb am 3. Oktober 1226 nahe der Portiunkula, dem Ort seiner ersten Gemeinschaft und der Verwirklichung seiner Ordensregel. Der Heilige hatte zwei Jahre vorher auf dem Berg La Verna die Stigmata erhalten.

So arm und demütig, wie er immer gelebt hatte, starb er auch. Sein Leichnam wurde 1230 in die inzwischen zu seiner Verehrung errichtete Basilika San Francesco überführt, wo er auch heute ruht.

Die hl. Klara

Sie wurde 1193 oder 1194 in einer reichen, vornehmen Familie in Assisi geboren. Obgleich sie bereits als Kind tief religiös war, wurde ihr Wunsch, Franziskus zu folgen, durch dessen leuchtendes Vorbild und seine leidenschaftlichen Predigten ausgelöst. Sie schloß sich seiner Ordensgemeinschaft an, wie es später auch ihre Mutter, ihre beiden Schwestern und andere Frauen aus Assisi taten.

Im Einvernehmen mit Franziskus gründete sie den Orden der Klarissen, der anfänglich "Orden der armen Damen" genannt wurde.

Sie starb 1253. Die hl. Klara wurde in unserer Zeit zur Patronin des Fernsehens ernannt, da sie - einer alten Legende nach - Visionen hatte, in denen sie aus der Ferne den Riten des Franziskus folgte.

Basilika San Francesco - Unterkirche

Es ist ein Ort der feierlichen Stille und tiefen Andacht. Eindrucksvoll ist die Unterkirche vor allem wegen ihrer unzähligen Kunstwerke und ihrer baulichen Anlage mit den ausladenden und recht niedrig gehaltenen gotischen Bogen. Der strenge, halbdunkle Innenraum verleiht der Kirche eine mystische Atmosphäre. Der einschiffigen Kreuzkirche ist ein Arm vorgebaut, der an die schmale Vorhalle der antiken, altchristlichen und byzantinischen Basiliken erinnert. Von großer Bedeutung sind im Kircheninneren vor allem Skulpturen und Fresken. Aus Platzmangel sollen hier nur die wichtigsten erwähnt werden, auch wenn es sich bei allen Fresken um Meisterwerke handelt. Man kommt in die *Martinskapelle* mit dem herrlichen Freskenzyklus des Simone Martini.

Dargestellt sind Episoden aus dem Leben des hl. Martin. Im Querschiff sehen wir einen leider verblaßten Freskenzyklus, der verschiedenen großen Künstlern wie Pietro Lorenzetti (u.a. eine "Kreuzigung", eine "Madonna mit Kind" und eine "Kreuzabnahme"), Giotto und einigen seiner Schüler zugeschrieben wird. Zu sehen sind weiters Fresken des Cimabue ("Madonna mit Kind"), der auch Meister von S. Francesco genannt wurde, da er das Mittelgewölbe über dem gotischen Hochaltar mit den Allegorien der Keuschheit, des Gehorsams und der Armut ausgemalt hat. Diese Ausschmückung läßt die Unterkirche noch großartiger erscheinen.

In der Reliquien-Kapelle werden alle Habseligkeiten des Heiligen aufbewahrf: die Tunika, die Sandalen, die er nur selten trug und der Lappen, mit dem er sich vom Blut reinigte, das aus den Stigmata austrat.

Unterkirche - Maestà mit dem hl. Franziskus (Cimabue um 1280).

Basilika San Francesco: Krypta

Der Eingang befindet sich in der Mitte der Unterkirche; man gelangt zu ihr auf einer Doppeltreppe.
Hier liegt das Grab des hl. Franziskus. Der Leichnam wurde 1230 von Bruder Elia, seinem treuen Gefolgsmann, der sich - wie bereits erwähnt - für den Bau der Basilika eingesetzt hatte, hierher gebracht. Zuvor war der Leichnam vier Jahre lang in der Kirche San Giorgio (heute der Kirche Santa Chiara angeschlossen) aufbewahrt.

Der einfache Steinsarg steht im Mittelpunkt der Krypta hinter einem Eisengitter, vor dem sich ein Altar aus neuerer Zeit befindet. Mit ihm sind seine treuen Gefährten, die Mitbrüder Leone, Rufino, Matteo und Angelo bestattet. Über dem Steinsarg hängt eine Votivlampe, die alljährlich am Todestag des hl. Franziskus mit Öl aus verschiedenen Gemeinden und Regionen Italiens gefüllt wird. Ursprünglich war die Krypta ein einfacher, schlichter Raum; heute ist sie mit einem großen Tabernakel und Marmorverkleidung an den Wänden ge-

Innenraum der Unterkirche.

Unterkirche - Krypta; Grab und Sarkophag mit den Spolien des hl. Franz von Assisi.

schmückt. Trotz der Umgestaltung ist die Krypta ein feierlicher und mystischer Ort der Besinnung und des Gebets geblieben.

Unterkirche - Magdalenen-Kapelle.

OBERKIRCHE, INNENRAUM: DIE FRESKEN GIOTTOS

Wir stehen vor einem der bedeutendsten Freskenzyklen der italienischen Kunst. Die Wände dieser einschiffigen Kirche sind gänzlich von Giotto freskiert. Auf 28 Feldern hat er die wichtigsten Episoden aus dem Leben des hl. Franziskus dargestellt, wobei er auf die Schilderung des hl. Buonaventura in seiner Legenda Major zurückgriff. Es ist ein wohl einzigartiger Freskenzyklus: Die Darstellungen fesseln durch lebendige Zeichnung der Personen, die einzelnen Episoden sind einfach und mit großer Ausdruckskraft dargestellt, Menschen und Landschaften deuten zum erstenmal auf eine Perspektive und räumliche Aufteilung hin. Vor allem aber ist Giotto eine überaus menschliche Darstellung gelungen, in der das Leben des Poverello aus Assisi meisterhaft verdeutlicht wird.
Die Bildfelder: (von der rechten Wand hinter dem Altar ausgehend);

1) *Der Bischof hüllt dennackten Franziskus in seinen Mantel;*
2) *Franziskus schenkt den Mantel einem Armen;*
3) *Franziskus sieht die für den Kreuzzug bestimmten Waffen;*
4) *Der Gekreuzigte mahnt Franziskus, das Kirchlein San Damiano wieder aufzubauen;*
5) *Franziskus legt seine Kleider ab;*
6) *Papst Innozenz III. sieht, wie Franziskus seine Kirche stützt;*
7) *Papst Innozenz III. erkennt die Ordensregel an;*
8) *Vision des Feuerwagens;*
9) *Vision des Thrones, der für Franziskus im Himmel bestimmt ist;*
10) *Franziskus vertreibt die D ä - monen aus Arezzo;*
11) *Franziskus vor dem Sultan;*
12) *Franziskus in Verzückung;*
13) *Am Weihnachtsfest führt Franziskus in Greccio die Krippe ein;*
14) *Wunderbare Tränkung des Durstigen;*
15) *Die Vogelpredigt;*
16) *Der Tod des Edlen von Celano;*
17) *Die Predigt vor Papst Honorius III.;*
18) *Franziskus erscheint dem Kapitel von Arles;*
19) *Stigmatisation;*
20) *Der Tod des Franziskus;*
21) *Die Vision des Augustinus und des Bischofs von Assisi;*
22) *Die Bekehrung des Ritters Hieronymus, der zweifelnd die Stigmata berührt;*
23) *Der Leichnam vor San Damiano;*
24) *Heiligsprechung;*
25) *Franziskus erscheint Papst Gregor IX.;*
26) *Die Heilung des Mannes von Lerida;*
27) *Beichte der vom Tode Erwachten;*
28) *Die Befreiung des Häretikers Petrus.*

Basilika San Francesco - Kreuzgang Sixtus' IV. (15. Jh.) und Apsis.

Basilika San Francesco - Der Portikus (13. Jh.); im Hintergrund die umbrische Tiefebene mit dem Fluß Tescio.

Oberkirche: Giotto-Gewölbe mit den Kirchenlehrern, durch das Erdbeben am 26. September 1997 beschädigt.

Oberkirche: Kreuzungspunkt des Gewölbes mit den vier Evangelisten von Cimabue, beschädigt durch das Erdbeben am 26. September 1997.

Der junge Franziskus wird von einem einfachen Mann geehrt.

Der Traum von den Waffen.

Der Tod des hl. Franziskus.
Unten: Die erscheinung des hl. Franziskus auf dem Kapitel in Arles in Frankreich.
Nebenstehende Seite: Franziskus schafft Friedenin Arezzo.

Piazza del Comune

Dieser Platz ist nicht nur das politische und administrative Zentrum von Assisi, er bildet auch den historischen Kern der Stadt, da sich an dieser Stelle - noch heute im unteren Teil des Platzes zu erkennen - einst das Forum des römischen Asisium befand. Der *Minerva-Tempel* legt von dieser Vergangenheit ein eindrucksvolles Zeugnis ab. Während der Bau außen in gutem Originalzustand erhalten ist, wurde sein Inneres im 16. und 17. Jahrhundert in die barocke Kirche Santa Maria sopra Minerva umgebaut. Wir haben hier eines der schönsten Beispiele römischer Baukunst vor Augen, worin auch die Bedeutung, zu der das Städtchen in damaliger Zeit gelangt war, widergespiegelt ist. Der Bau geht auf das ausgehende 1. Jh. v. Chr. oder auf Anfang des 1. nachchristlichen Jahrhunderts zurück. Die Frontseite des Tempels besteht aus 6 kannelierten, auf Sockeln ruhenden Säulen, die von korinthischen Kapitellen und einem verhältnismäßig niedrigen, ausgeprägten Giebel gekrönt sind. Zwischen den Säulen befindet sich der Treppenaufgang, der in römischer Zeit vom Forumsplatz aus zum Tempel hoch führte. Im Innenraum sind die antiken Außenmauern zu sehen, die ein Gebälk tragen und denen in Abständen Wandpfeiler mit korinthischen Kapitellen vorgeblendet sind. Auf dem Platz befinden sich die *Kanzel* (14. Jh.), von der aus einst der hl. Bernhardin von Siena predigte, und eine *Ädikula* mit Resten eines Freskos eines der Schüler Simone Martinis. Unverkennbar erhebt sich der gewaltige Bau des *Palazzo del Capitano del Popolo* mit seinem hohen, zinnenbekrönten Turm. Der ursprüngliche Bau geht auf das 13. Jahrhundert zurück, wurde aber in der Folgezeit umgebaut und erweitert. Der schöne *Turm*, der daneben aufragt, stammt ebenfalls aus dem 13. Jahrhundert. Zwei große Arkadenordnungen und der ghibellinische Zinnenkranz kennzeichnen ihn. An der Südseite des Platzes

steht der *Palazzo dei Priori*. Hierbei handelt es sich eigentlich um einen Zusammenschluß schlichter Gebäude mit strenger Architektur. Besonders interessant ist die sogenannte *Volta Pinta* (bemaltes Gewölbe), einer der mächtigen Bogen der Fassade mit einer sehr originellen Grotesken-Dekoration.
Im Palazzo dei Priori ist die *Pinakothek* untergebracht, eine wertvolle Sammlung von Werken verschiedener Herkunft, von Skulpturen und Gemälden verschiedener Künstler und aus verschiedenen Epochen.

Dom (San Rufino)

Der dem hl. Rufinus (Bischof von Assisi im 3. Jahrhundert) geweihte Dom ist eines der schönsten und einzigartigsten Beispiele romanischer Architektur. Der ursprüngliche Bau wurde im 12. Jahrhundert gänzlich umgestaltet, erneuert und schließlich im darauffolgenden Jahrhundert vollendet. Auf einem Stein im Kircheninneren wird Giovanni da Gubbio als Baumeister genannt.

Die schöne Fassade ist im unteren Teil durch markante und einfache Quadrate aufgegliedert, darüber verläuft eine elegante Galerie.
Im mittleren Fassadenteil sind über den drei Portalen schöne Rosetten eingelassen; im oberen Teil öffnet sich eine spitzbogige Blendarkade.
Das Dominnere hat durch die bauliche Umgestaltung des Galeazzo Alessi seine ursprüngliche Struktur gänzlich verloren. Zu den wichtigsten Werken gehören hier eine "Kreuzigung" und eine "Grablegung" des Dono Doni, eine ausdrucksvolle "Pietà" (deutsche Schule), ein schönes hölzernes Chorgestühl aus dem 16. Jahrhundert und das aus einem einzigen Granitblock gehauene Taufbecken, über dem unter anderem auch der hl. Franziskus und die hl. Klara getauft wurden. Sehenswert ist auch die Krypta aus dem 11. Jahrhundert wegen ihrer architektonischen Gliederung.
Besichtigen sollte man auch das Dom- Museum mit Baufragmenten der ursprünglichen Kirche San Rufino.

Die Kirche S. Chiara

Die hl. Klara, eine andere große Tochter Assisis und Anhängerin des hl. Franziskus, war die Gründerin des Klarissenordens. Ihre sterblichen Reste sind in der Krypta dieser Kirche aufbewahrt. Der Baustil dieser Kirche erinnert stark an die Oberkirche von San Francesco, ist im Gegensatz dazu jedoch schlicht und fast schmucklos gehalten.
Man spürt dennoch deutlich die beabsichtigte Ähnlichkeit. Links der Fassade sind mächtige Strebebogen angefügt.
Die Verkleidung der Fassade mit weißem und rötlichem Marmor bewirkt ein reizvolles, harmonisches Linienspiel. Im rechten Querschiff ist eine gewaltige Tafel mit der großen Gestalt der hl. Klara in der Mitte und Episoden aus ihrem Leben an beiden Seiten dargestellt. Das Werk wird dem Meister von S. Chiara zugeschrieben und stammt aus dem späten 13. Jahrhundert. Aufbewahrt wird hier auch das Kreuz von San Damiano, das einer Überlieferung nach den hl. Franziskus aufgefordert haben soll, die Kirche wieder aufzubauen. Im Innern dieser Kirche sieht man auch Habseligkeiten beider Heiligen.
In der Krypta steht der Schrein der hl. Klara.

Das Kruzifix, das 1206
im Kirchlein San Damiano
zu Franz sprach (Tafel aus dem 12. Jh.).

San Damiano

Das außerhalb von Assisi gelegene Landkirchlein ist für den Besucher ein obligates Ziel, denn wo könnte er besser mit franziskanischem Geist vertraut gemacht werden? Hier hat der Poverello aus Assisi seinen berühmten Gesang der Geschöpfe verfaßt, hier vernahm er auch die Stimme Christi von dem berühmten Kreuz, die zu ihm sprach: Geh Franziskus, setz mein Haus wieder instand, denn es droht einzustürzen (das Kirchlein war zu dieser Zeit fast verfallen).

Hier versammelte er sich mit seinen ersten Anhängern, und hier hielt sich auch die hl. Klara auf.

Das bescheidene Kirchlein in der stillen und mystischen umbrischen Landschaft ist äußerst einfach gehalten. An die schlichte Fassade ist ein Laubengang mit drei Arkaden vorgebaut, die freskiert sind.

An die Fassade schließt rechts eine kleine, ebenfalls mit Fresken aus dem 16. Jahrhundert ausgemalte Kapelle an.

Das schlichte, einschiffige und kapellenartige Innere schließt mit einer Rundapsis ab und erinnert an eine Grotte.

Die kahlen, fast düsteren Wände mit wenigen Fresken, auf denen ein Wunder des Heiligen dargestellt ist, aber auch die kleinen Räume, in denen die hl. Klara lebte: All dies ist tief durchdrungen von franziskanischem Geist.

FESTE UND BRAUCHTUM IN ASSISI

Calendimaggio (die Kalenden waren im römischen Altertum die jeweils ersten Tage des Monats) ist, wie bereits erwähnt, ein Fest profanen Ursprungs, auch wenn man es im Laufe der Zeit mit der Erinnerung an den hl. Franziskus und an seine unbeschwerte Jugend in Verbindung gebracht hat. Es findet am letzten Apriltag und am 1. Mai statt und ist ein Ausbruch von Heiterkeit und Frische, von Gesang und Spiel, von Trachten und Blumen. Es ist eine richtige Feier und Verherrlichung des Frühlings, die sich mit der Lebensfreude an Menschen und Dingen verwirklicht. Diese Veranstaltung - sie ist vielleicht die von der Bevölkerung am stärksten empfundene, und an ihr nimmt sie auch in zeitgerechten Trachten teil - hat die Eroberung des "Palio" (Siegespreis) zum Ziel, und um ihn kämpft das obere Stadtviertel gegen das untere.

Eine eigene Jury teilt ihn jener Partei zu, die sich in den Trachten, in den Gesängen, im Fahnenschwingen und im Wettkampf der Bogenschützen als die beste aus-

gezeichnet hat.

Unter den religiösen Festen erwähnen wir vor allem das Fest des *Perdono di Assisi*. Es erinnert an den Ablaß, den der hl. Franziskus bei der offiziellen Bestätigung seiner Ordensregel von Papst Honorius III. für alle jene erhielt, die die Portiunkula-Kapelle besuchen und um die Vergebung ihrer Sünden beten.

Das Fest wird vom 31. Juli bis zum 2. August gefeiert und zieht unzählige Pilger aus allen Teilen der

Welt an.
Religiöse Feiern werden auch zur Erinnerung an den Tod des hl. Franziskus (4. Oktober) und der hl. Klara (12. September) abgehalten.
Andere hängen mit den wichtigsten religiösen Feiertagen zusammen, so mit der *Karwoche*, mit Christi Himmelfahrt, Pfingsten und Fronleichnam. Besonders interessant und beeindruckend sind die Feierlichkeiten der Karwoche. Da ziehen Prozessionen durch die Stadt, mit Mönchen in Kutten und Kapuzen, die das Kreuz tragen, mit den Symbolen des Leidens Christi, mit verschiedenen religiösen Orden und Fackelzügen. Auch wird die Kreuzabnahme dargestellt und wie die Madonna zum Leichnam ihres Sohnes niedersteigt, nach Art alter Passionsspiele.
Erwähnt werden sollen hier auch die Prozession und Riten, die an verschiedenen Tagen des Monats (Freitag, Sonntag) gefeiert werden, und zwar in der Regel nach Sonnenuntergang.
Da schreiten die Franziskanermönche durch die Basilika des hl. Franziskus und über den Platz vor der Kirche, um des Heiligen und wichtiger Stationen seines Lebens zu gedenken.
Diese Riten und Feiern sind zwar vorwiegend Ausdruck religiöser Gefühle, aber sie werden fast alle auch von Veranstaltungen anderer Art (Trachtenumzüge und alte Bräuche) umrahmt, die ihnen einen besonderen Reiz geben.

Eremo delle Carceri

So heißt dieses Kloster, das an dem Ort entstand, an den sich der hl. Franziskus gerne zum Gebet in die Abgeschiedenheit zurückzog.
Stätten dieser Art gibt es in Umbrien viele. Der Poverello von Assisi liebte es, sich an abgelegene, stille Orte zurückzuziehen, um hier mit der Natur in enger Berührung zu sein. Die nackte Erde war sein Lager, seine Speise wild wachsende Früchte, die Grotte sein einziger Schutz.
Und gerade diese äußerste Demut und dieses Aufgehen des Heiligen im christlichen Geist läßt seine große Gestalt nur noch leuchtender erscheinen. Zudem tritt gerade in diesen Einsiedeleien der Geist zutage, der den Franziskanergedanken beseelt hat.
Nach und nach wurde das Kloster von seinen Mitbrüdern und Anhängern errichtet, die wie der Heilige selbst hier meditieren und Buße tun wollten. Die ersten Zellen und das Refektorium wurden um eine bereits bestehende, der Muttergottes delle Carceri geweihten Kapelle in den Fels gehauen.
Die überaus einfachen und engen Räume und der nackte Steinboden, der Franziskus als Lager diente, all dies beeindruckt den Besucher zutiefst. Es ist ein Ort des Friedens und der Verinnerlichung, der zu stiller Sammlung und Kontemplation einlädt. Auch der Wald am Hang des Subasio-Berges, der das Kloster umgibt, erinnert an den Heiligen. Die ganze Landschaft mit ihrer unberührten Natur ist von klarer Schönheit.

Santa Maria degli Angeli

Weithin sichtbar in der Ebene unterhalb von Assisi liegt die Basilika Santa Maria degli Angeli mit ihrer leuchtend weißen Marmorfassade mit der hohen Marienstatue aus vergoldeter Bronze und der mächtigen Kuppel. Sie wurde errichtet, um die Erinnerungsstätten an den hl. Franz würdig zu umschließen: Die Portiunkula, in der er sich mit seinen Anhängern versammelte, und wo er seine Ordensregel aufstellte; die Cappella del Transito (Sterbekapelle) und schließlich die Cappella delle Rose, wo der Heilige gerne im Gebet verweilte. Die Basilika wurde 1569 nach einem Entwurf des Galeazzo Alessi begonnen, jedoch fast gänzlich von Luigi Poletti im 19. Jahrhundert umgebaut, und schließlich nach schweren Beschädigungen durch ein Erdbeben im 20. Jahrhundert von Bazzani neu errichtet. Die Fassade ahmt eine Mischung aus dem Stil des römischen Barock und der Renaissance nach. Das gewaltige dreischiffige Innere hat reich ausgeschmückte Seitenkapellen.

Die Portiunkula

Als sie der hl. Franziskus zum Aufenthaltsort erwählte, war sie eine kleine Benediktinerkapelle, die wahrscheinlich im 9. Jahrhundert erbaut worden war.
Der einfache und stille Ort war damals von Wäldern umgeben. Die kleine Kapelle wurde nach

Basilika Santa Maria degli Angeli.

und nach restauriert, nachdem immer mehr Anhänger dem Poverello aus Assisi gefolgt waren. In ihrer Nähe entstanden nun die Zellen für die Mitbrüder. Hier hat der Heilige die Regel für den Franziskanerorden · aufgestellt, die sich auf Armut, Keuschheit und Gehorsam gründet (Bild unten) und in den drei Knoten des Strickes der Mönchskutte zum Ausdruck kommt.

Im Kircheninneren steht unter der Kuppel das Kapellenhäuschen, die Portiunkula; über der gotischen, in neuerer Zeit von Friedrich Overbeck freskierten Fassade (1830) erhebt sich eine Tabernakelspitze. Das einfache und ärmliche Innere der Portiunkula entspricht ganz der Armut und Demut des franziskanischen Geistes.

Hier erhält man unter den von der Kirche vorgeschriebenen Bedingungen den vollkommenen Ablaß (Portiunkula-Ablaß). In den ersten Augusttagen wird in dieser Kirche das Portiunkula-Fest begangen, zu dem unzählige Pilger aus ganz Italien kommen.

Portiunkula-Kapelle

Sterbekapelle (Cappella del Transito)

Hinter der rechten Kuppelsäule der Basilika Santa Maria degli Angeli liegt die Cappella del Transito, in welcher der Heilige auf nackter Erde gestorben ist.
Zu seinen Lebzeiten pflegte Franziskus hier Kranke. Nach seinem Tode wurde dieser Raum in eine Kapelle umgebaut und ausgeschmückt. Zu sehen ist hier neben einigen Fresken die schön glasierte Terrakotta-Statue des hl. Franziskus, ein Werk des Andrea della Robbia.

Das Rosengärtchen (Roseto)

In diesem kleinen Gärtchen blühen Rosen ohne Dornen. Einer Legende nach soll sich hier der hl. Franziskus nackt in einen Rosenstrauch geworfen haben, um den Versuchungen des Teufels zu entgehen.
Doch die Rosen wollten Franziskus nicht verletzen und verloren ihre Dornen. Dennoch tropfte etwas Blut auf die Blütenblätter, die auch heute noch rotgesprenkelt sind.
Neben diesem Gärtchen steht die Cappella del Roseto, die zum Großteil von Tiberio d'Assisi freskiert ist. Sie umfaßt auch eine Grotte, in der der Heilige oft zu beten pflegte.

Das Museum

Es besitzt einige Reliquiare des 14. Jahrhunderts, ebenso zahlreiche Meßgewänder, Rauchmäntel und andere kirchliche Gerätschaften früherer Zeiten.

Von größerem Wert sind einige Tafelbilder. Ein Kruzifix, Giunta Pisano zugeschrieben, ist zu sehen (1236), weiter ein Bild «Franziskus zwischen zwei Engeln «des Maestro di San Francesco. Nach dem Text zu urteilen, der im aufgeschlagenen Buch des Franziskus zu lesen ist, diente dieses Brett dem Heiligen als Sterbelager.

SPELLO

Das schöne umbrische Städtchen am Fuße des Monte Subasio hat bis heute sein mittelalterliches Gepräge bewahrt.
Interessant ist es vor allem wegen verschiedener baulicher Reste aus römischer Zeit, aber auch wegen einiger schöner Kunstwerke aus der Renaissance. Als altes römisches Hispellum erlebte es eine Blütezeit, so daß es auch "colonia splenditissima Julia" genannt wurde. Im Mittelalter gehörte Spello zum Herzogtum Spoleto, kam dann zum Kirchenstaat und wurde schließlich Perugia unterstellt.
Die Stadt wurde später von verschiedenen "Signori" regiert und vom 16. Jahrhundert an erneut dem Kirchenstaat einverleibt. Ein Besuch dieses Städtchens sollte neben den wichtigsten Bauwerken auch dem alten Stadtteil gelten, denn gerade hier ist der typische Charakter des umbrischen Mittelalters besonders stark ausgeprägt. Sehenswert sind: die romanische *Kirche S. Andrea*, die Kirche S. Lorenzo mit Skulpturen und Gemälden, weiters das Kirchlein San Claudio am Stadtrand, bei dem durch die eigenartige Bauweise eine besondere optische Wirkung hervorgerufen wird, und schließlich die aus dem 16. Jahrhundert stammende *Chiesa Tonda*.

Über dem Städtchen erhebt sich die *Burg* aus dem 13. Jahrhundert, von der heute nur der Turm erhalten ist. In der Nähe liegt die Kapuzinerkirche und das Belvedere, von dem aus man eine schöne Aussicht hat.
Abschließend kommen wir zu den alten Stadtteilen Porta Chiusa, Mezota und San Martino, die bis heute ihr mittelalterliches Gepräge bewahrt haben.

FOLIGNO

Der umbrische Graben geht in eine weite Ebene mit dem Fluß Topino über. Hier liegt Foligno,

Spello: Porta Venere.

eine neue Stadt mit ihrem mittelalterlichen Kern, schönen Bauten und Kunstwerken.
Foligno war ursprünglich eine umbrische Siedlung, wurde später von den Römern eingenommen und erhielt den Namen Fulginiae.
Noch aus dieser Zeit stammt das alte Stadtgefüge. Zur Zeit der Barbareneinfälle mußte die Stadt wie so viele andere umbrische Orte schwere Verwüstungen hinnehmen.
Als Freikommune entwickelte sie sich zu einem wichtigen politischen und kulturellen Mittelpunkt.
Die höchste Blüte jedoch erlebte Foligno unter der Signoria der Trinci, die ihren Machtbereich auch auf andere Orte ausdehnte, wie Montefalco, Spello und Assisi. Bereits im 15. Jahrhundert blühte hier die Buchdruckerkunst. 1472 erschien die erste gedruckte Auflage der Göttlichen Komödie von Dante Alighieri.
Nach dem Fall der Trinci wurde Foligno Teil des Kirchenstaates.
Vieles macht diese Stadt sehenswert: ihre Palazzi und Kirchen als Zeugen einer künstlerischen und kulturellen Blüte, aber auch verschiedene folkloristische Veranstaltungen, darunter das bekannte Ritterspiel Giostra della Quintana.
Dieses Wettspiel stammt aus dem 17. Jahrhundert und wird jeweils am 2. Sonntag im September in mittelalterlichen Trachten mit Wettkämpfen zu Pferd wiederholt. Das Spiel erfordert große Geschicklichkeit.

Piazza della Repubblica

Im Zentrum von Foligno liegt dieser Platz mit verschiedenen interessanten Gebäuden, wie dem Dom, dem Palazzo Comunale und dem Palazzo Trinci.

Der Dom wurde zu Beginn des 12. Jahrhunderts errichtet und in den nachfolgenden Jahrhunderten umgebaut und erweitert.

Interessant sind seine beiden Fassaden: die Hauptfassade geht auf den Domplatz zu, die andere weist am Ende der langen Seitenwand auf die Piazza della Repubblica.

Das *Dominnere* wurde mehrmals umgebaut, unter anderem auch nach Plänen von Piermarini und Vanvitelli. Die Krypta wurde aus Abbruchmaterial aus anderen Bauwerken errichtet und im Presbyterium steht die von G.B. Maini geschaffene Statue des hl. Feliciano, des Stadtpatrons von Foligno.

Im *Palazzo Trinci* aus dem 14. Jahrhundert ist heute die *Pinakothek* untergebracht, wo viele Fresken von Ottaviano Nelli, Mezzastris, Bartolomeo di Tommaso und Benozzo Gozzoli zu bewundern sind. Auch andere Bauwerke in Foligno verdienen Beachtung: Die *Kirche Santa Maria Infraportas* zählt zu den interessantesten Bauwerken aus romanischer Zeit. Sie stammt aus dem 11. Jahrhundert und bewahrt in ihrem Innern an die byzantinische Malerei erinnernde Fresken und Gemälde auf.

Wertvolle Kunstschätze stellen auch die *Kirchen San Salvatore* aus dem 13. Jahrhundert mit ihren schönen gotischen Portalen und den polychromen Verzierungen, die Nunziatella, sowie die dem hl. Jakob und dem hl. Nikolaus geweihten Kirchen dar.

In der näheren Umgebung von Foligno inmitten einer unberührten Natur liegt die *Abtei Sassovivo*, die im 11. Jahrhundert von Benediktinermönchen errichtet wurde.

Besondere Beachtung verdient der romanische Kreuzgang aus dem 13. Jahrhundert von Pietro di Maria mit dem aus schlanken Doppelsäulchen bestehenden Laubengang.

Piazza della Repubblica.

DAS RITTERSPIEL GIOSTRA DELLA QUINTANA

Das Ritterspiel in mittelalterlichen Kostümen geht mit Sicherheit auf das 17. Jahrhundert zurück; seine wirklichen Anfänge dürften jedoch noch weiter zurückliegen. Die Quintana wird jeweils am 2.Sonntag im September im Stadion von Foligno durchgeführt. Hierbei müssen zehn Reiter als Vertreter der zehn Stadtviertel im Galopp und mit äußerster Geschicklichkeit einen Ring treffen, der an einer lebensgroßen Puppe befestigt ist.
Der eigentlichen Quintana gehen verschiedene Riten und ein schöner Festzug in prächtigen mittelalterlichen Kostümen voraus, der bereits am frühen Nachmittag mit dem Gonfalone (einem Banner) und den Wappen der einzelnen Stadtteile durch die Straßen zieht.
Das Spiel ist nicht nur wegen der Trachten und des großen Geschicklichkeitsbeweises der Teilnehmer sehenswert, sondern vor allem wegen der besonderen Atmosphäre, die ein jedes Fest auslöst, das Geschichte und Brauchtum längst vergangener Zeiten wieder aufleben läßt.

Bevagna

Bevagna war in Römerzeit das prächtige Munizipium Mevania. Zeugnisse dieser großen Vergangenheit sind heute noch erhalten. Dennoch ist das Stadtbild heute in erster Linie von Bauwerken aus dem Mittelalter geprägt, was vor allem auf der Piazza Silvestri, dem Kern der Altstadt, deutlich wird. Der aus dem 13. Jahrhundert stammende *Palazzo dei Consoli* hat an der Seite einen großzügig angelegten Treppenaufgang, in seinem unteren Teil öffnen sich mächtige Arkaden. Im Innern hat das Theater Tortiti seinen Sitz. Die schöne Kirche *San Silvestro* stellt ein graziöses architektonisches Meisterwerk dar, das wir dem Baumeister Binello verdanken, der den Bau 1195 begann: Diese Fassade besticht durch ihre elegante Schlichtheit. Der *Dom* oder auch Kirche des hl. Michael stammt aus dem 13. Jahrhundert. Die Fassade mit dem fein gearbeiteten Portal ist mit Hängebögen geschmückt, die die Mauerfläche in der Horizontalen akzentuieren, und stellt ein wertvolles Beispiel romanischer Baukunst dar.

Montefalco

Dieses Städtchen ist ein wahres Juwel in Umbrien zum einen aufgrund seiner anmutigen Lage (es wurde als das Geländer Umbriens betitelt), zum anderen aufgrund der bedeutenden Kunstschätze, die zu den wichtigsten der Region und ganz Italiens zählen und deren Höhepunkt die Gemälde Benozzo Gozzolis darstellen. Die Verschönerung der Kirchen und Bürgerpaläste im 14. und 15. Jahrhundert ist vor allem dem Mäzenatentum der Päpstlichen Rektoren zu verdanken, die hier in Montefalco ihren Sitz hatten. Die *Kirche San Francesco* entstand im 14. Jahrhundert und wurde im 16. Jahrhundert umgebaut. Heute ist in ihren Räumen die Pinakothek untergebracht, wo unter anderem Werke von Gozzoli (darunter ein herrlicher Freskenzyklus zum Leben des hl. Franz aus der Mitte des 15. Jahrhunderts sowie Fresken mit Darstellungen aus dem Leben des hl. Hieronymus), von Mezzastris, Melanzio und Alunno zu sehen sind. Die *Kirche Sant'Agostino* (13.-14. Jh.) bewahrt als Zeugnis der umbrischen Malerei des 14. und 15. Jahrhunderts einen wertvollen Freskenzyklus. Weitere bedeutende Werke der umbrischen Schule sind in der *Kirche Santa Chiara* (mit der Hl.-Kreuz-Kapelle) und in der *Kirche Santa Illuminata* zu besichtigen.

TREVI

Von Foligno geht es weiter durch den "umbrischen Graben" nach Trevi. Das schöne Städtchen liegt mit seinen weiß leuchtenden Häusern auf einem Hügel unterhalb der Berge Serano und Brunette.
Auch von hier hat man eine schöne Rundsicht.
Das ursprüngliche römische Trebiae lag damals weiter unten in der Talebene an der wichtigen Römerstraße Flaminia. Das heutige Trevi ist wegen seiner Baudenkmäler und seines mittelalterlichen Gepräges mit den Häusern, Straßen und Plätzen, und seiner typischen Atmosphäre sehenswert.
Auf einem Rundgang durch Trevi sollte man sich folgende Kirchen ansehen: *San Martino* aus dem 13. Jahrhundert mit Gemälden von Mezzastris und Tiberio d'Assisi; die gotische *Kirche San Francesco* und schließlich die aus dem 12. Jahrhundert stammende und in späterer Zeit mehrmals umgebaute *Kirche Sant'Emiliano*. Von der ursprünglichen Kirche ist die Apsis mit dem schön ausgeführten Altar aus dem 16. Jahrhundert erhalten. In verschiedenen Sälen des *Palazzo Comunale* ist heute die interessante *Pinakothek* untergebracht. In dieser Sammlung ist unter anderem eine "Madonna zwischen Engeln und dem hl. Franziskus" von Spagna und eine "Madonna mit Kind" von Pinturicchio zu sehen.
Zudem lohnt sich ein Besuch der aus dem 15. Jahrhundert stammenden Renaissance-*Kirche Madonna delle Lacrime* vor den Toren der Stadt.
An ihrer Ausschmückung haben unter anderem Perugino und Spagna mitgearbeitet. Einer Legende nach soll das Muttergottesbild über dem Altar geweint haben; daher der Name dieser Kirche.
Erwähnenswert ist auch die *Kirche Santa Maria di Pietrarossa* mit Fresken aus verschiedenen Epochen.

"Sei gegrüßt, grünes Umbrien, und Ihr reinen Quellen des Clitumnus!"

Mit diesen Worten beginnt eine rühmte Ode des italienischen Dichters Giosuè Carducci, der, wie vor ihm viele andere Schriftsteller der Antike, diesen lieblichen Ort besungen hat. Die Quellen des Clitumnus: Ein bezaubernder Ort mystischer Schönheit, ein Ort des Friedens, eine Landschaft, in der Farben und Licht ineinander verschmelzen, ein malerischer Ort, umsäumt von Pappeln, und Weiden und vielerlei Wasserpflanzen, umspielt von dem geheimnisvollen Murmeln der Quellen: All dies umgibt diesen Ort mit einer geradezu mystischen Atmosphäre, eine Atmosphäre zwischen Traum und Wirklichkeit.
Man kann es nur zu gut verstehen, daß die Menschen der Antike annahmen, hier wohne in der Tiefe des Wassers der Flußgott Clitumnus, der im Murmeln der Quelle sein Orakel verkündet. Hier wurden dem Gott auch Tieropfer dargebracht, denn man nahm an, das klare Wasser dieser Quellen habe die Fähigkeit, durch das Opfer zu reinigen.
Das glasklare Quellwasser des Clitumnus sprudelt aus der Tiefe der Erde hervor.
Neben den Quellen steht der kleine *römische Clitumnus-Tempel*, der später in eine frühchristliche, San Salvatore geweihte Kirche umgewandelt wurde.

SPOLETO

Die Stadt des Festivals der zwei Welten zieht mit ihren diversen kulturellen Veranstaltungen von hohem Niveau alljährlich unzählige Touristen aus aller Welt an. Wie nur wenige Orte in Umbrien und in Italien überhaupt hat sich diese Stadt viele schöne Baudenkmäler aus dem Mittelalter erhalten. Spoleto liegt angeschmiegt an die Hänge sanfter grüner Hügel und wird von der stolzen Rocca (Burg) beherrscht. Spoleto prägt sich nicht nur wegen seiner Schönheit, sondern auch und vor allem wegen seiner bedeutenden kulturellen Veranstaltungen dem Gedächtnis des Besuchers ein. In diesem Rahmen finden auch verschiedene Tagungen statt, wie die jährlich durchgeführte Tagung über Aspekte des Hohen Mittelalters. Berühmt ist die Stadt auch wegen ihrer geschichtlichen Vergangenheit. Ihr Ursprung geht auf vorgeschichtliche Zeiten zurück. Später siedelten sich hier die Umbrer an und brachten die Stadt zu einer wirtschaftlichen und kulturellen Blüte. Unter den Römern erlebte die Stadt unter dem Namen Spoletium eine weitere Blütezeit. Da der Name Spoletium etruskischen Ursprungs ist, wird angenommen, daß sich hier auch Etrusker angesiedelt hatten. Seit dem 6. Jahrhundert war Spoleto Zentrum eines mächtigen Langobarden-Herzogtums und erhielt eine so wichtige Bedeutung, daß seine Herzöge auch Anwärter auf die Kaiserkrone werden konnten. Zur gleichen Zeit dehnte die Stadt ihren Herrschaftsbereich auf einen Großteil Mittelitaliens aus. Nachdem es eine schwere Niederlage durch die Truppen Barbarossas erfahren mußte, kam Spoleto Ende des 12. Jahrhunderts zum Kirchenstaat. Im wesentlichen hatte Spoleto nicht dieselbe geschichtliche Entwicklung, wie so viele andere umbrische Städte und konnte daher eine historische und kulturelle Funktion bewahren.

Dom

Architektonisches Meisterwerk in Spoleto ist der Dom Santa Maria Assunta, der in verschiedenen Zeitabschnitten errichtet wurde und somit unterschiedliche Stilelemente aufweist, die jedoch harmonisch miteinander verschmelzen. Die 1198 geweihte Kirche wie auch der robuste Glockenturm sind romanisch, die Arkaden hingegen wurden in der Renaissance hinzugefügt. Der Dom erhebt sich am gleichnamigen Platz, auf dem alljährlich das große Abschlußkonzert des Festivals der zwei Welten stattfindet. Interessant ist vor allem die Domfassade: sie ist senkrecht und waagrecht dreigeteilt und mit mehreren Rosetten geschmückt. Über den größten im Giebelfeld ist in einer Spitzbogenblendarkade ein Christus-Mosaik aus dem 13. Jahrhundert im byzantinischen Stil angebracht. Das Renaissance-Portal wurde im 15. Jahrhundert hinzugefügt. Im dreischiffigen Innern sind bedeutende Kunstwerke zu sehen, vor allem die von Filippo Lippi in der Apsis ausgeführten Fresken, ein Meisterwerk der Renaissancekunst; weiters Gemälde von Pinturicchio, dann eine von Bernini geschaffene Bronzebüste Papst Urbans VIII., sowie ein schönes byzantinisches Madonnenbild, eine Ikone, in der *Cappella della Santa Icona*.

Im rechten Querschiff steht das Grabmal des Filippo Lippi, der diesen Dom freskiert hat. Im Archiv des Pfarrhauses sind zudem

verschiedene wichtige Urkunden und eine Originalhandschrift des hl. Franziskus aufbewahrt.

RÖMISCHES THEATER

Das sehr beschädigte und fast verschüttete Amphitheater, das wegen anderer römischer Bauten auf diesem Gelände lange Zeit nicht identifiziert werden konnte, wurde erst vor wenigen Jahren freigelegt und soll nun wieder sein ursprüngliches Aussehen zurückerhalten. Das Amphitheater stammt aus dem 1. nachchristlichen Jahrhundert.

DIE KIRCHE SAN PIETRO

Dies ist eines der schönsten und bedeutendsten Beispiele umbri-

Kathedrale S. Maria Assunta - Krönung der Jungfrau (Filippo Lippi).

scher Baukunst. Dieses religiöse Bauwerk, ein wahres Meisterstück romanischer Architektur, wird vor allem wegen der unnachahmlichen Flachrelief der Fassade so hoch geschätzt, die aus dem 12. und 13. Jahrhundert stammen.

Diese Reliefs, deren oftmals symbolische Darstellungen eine sakrale Thematik haben, zeichnen sich durch geschmackvolle Ornamente, durch eine einzigartige Klarheit und Präzision aus.

Die Kirche wurde im Mittelalter auf den Resten eines Tempels aus dem 5. nachchristlichen Jahrhundert errichtet. Im 14. Jahrhundert wurden Restaurierungs- und Umbauarbeiten durchgeführt, wovon die wunderschöne Fassade jedoch nicht betroffen wurde.

In der Nähe befindet sich eine andere Kirche: *San Silvestro* aus dem 14. Jahrhundert. Im Kircheninnern werden archäologische Fundstücke aus frühchristlicher und römischer Zeit aufbewahrt.

Oben: Das römische Theater.
Unten: Die Kirche San Pietro.

Monteluco

Anreiz zu einem schönen Spaziergang bietet der in unmittelbarer Nähe von Spoleto liegende Monteluco mit seinem dichten Steineichenwald, der den Berg bis zum Gipfel bedeckt.
Seit uralter Zeit galt er als heilig; bereits in heidnischer Zeit befand sich hier eine Kultstätte, später ließen sich mit zunehmender Ausbreitung des Christentums zahlreiche Einsiedler nieder, die sich in die Einsamkeit zurückzogen, um hier zu beten und zu meditieren, vor allem aber, um Gott in der Natur näher zu sein.
Diesen Wald suchte auch der hl. Franziskus auf und gründete hier ein einfaches kleines Kloster. Auf kleinen Pfaden am Monteluco kommt man an verschiedenen Einsiedeleien vorbei, wie z.B. an der des Sant'Isacco, des Sant'Antimo und der Santa Maria delle Grazie. Zahlreich in dieser Gegend sind auch die Grotten, in denen die Einsiedler Schutz suchten. Vom Gipfel des Monteluco und vor allem vom Belvedere aus hat man eine herrliche Rundsicht.

Die Burg und Turmbrücke

Die Burg stammt aus dem 14. Jahrhundert, als der Kirchenstaat versuchte, die inneren Kämpfe der Stadt zu beenden und seinen Legaten, Kardinal Albornoz, mit dem Auftrag nach Spoleto sandte, hier eine Burg errichten zu lassen, die zu einem der wichtigsten päpstlichen Stützpunkte werden sollte. Die Festung wurde von Gattapone erbaut und in den darauffolgenden Jahrhunderten erweitert und verschönert. In ihr wohnten berühmte Persönlichkeiten, wie Lucrezia Borgia und ihr Bruder Cesare. Die Burg entwickelte sich nicht nur zu einem wichtigen Stützpunkt des Kirchenstaates, sondern auch zu einem Ort prachtvoller Hofhaltung. Eindrucksvoll ist die *Turmbrücke*, die den Burgberg Sant'Elia mit dem Waldhügel von Monteluco verbindet. Zehn gewaltige Bogen überspannen kühn die Schlucht. Die Brücke ist sicher älter als die Burg selbst und wurde nach Entwürfen des Gattapone in der zweiten Hälfte des 14. Jahrhunderts wahrscheinlich auf den Fundamenten einer römischen Brücke errichtet.

FESTIVAL DEI DUE MONDI

Spoleto und das "Festival dei Due Mondi" Sicherlich gehört das "Festival der Zwei Welten", das 1958 von Giancarlo Menotti ins Leben gerufen wurde und seitdem alljährlich (Ende Juni-Anfang Juli) in Spoleto stattfindet, zu den international wichtigsten Kulturveranstaltungen seiner Art.

Das Festival bietet eine Reihe von Ballett-, Opern-, Schauspiel- und Konzertaufführungen. Besonders berühmt ist das große Abschlußkonzert auf der prächtigen, einzigartigen Piazza vor der Dom-Kulisse. Bei sämtlichen Veranstaltungen von stets hohem Niveau wirken international bekannte Künstler oder talentierte Vertreter der Avantgarde mit. All das erklärt noch einmal das außergewöhnliche Echo, auf das dieses Festival in der Welt gestoßen ist, so daß Kulturbegeisterte aus allen europäischen Ländern, ja sogar von fernen Kontinenten, nach Spoleto strömen.

Parallel zum Festival laufen eine Reihe anderer künstlerischer Veranstaltungen, vor allem Ausstellungen von Malern und Bildhauern, die oft auch großen Namen gewidmet sind. In diesem Zusammenhang sollte man auch nicht die Plakatentwürfe vergessen, die alljährlich zum Festival einladen, Plakate, die u.a. von Miró, Manzù, Shann, Capogrossi, Folon und Afro geschaffen wurden.

TERNI

Das antike Interamna Nahartium ("Land zwischen zwei Flüssen" - nämlich Nera und Serra) war die Heimat des römischen Kaisers Claudius und des römischen Schriftstellers Publius Cornelius Tacitus, sowie anderer wichtiger Persönlichkeiten der Vergangenheit. Terni hat, wie viele norditalienische Städte, in der 2. Hälfte des 19. Jahrhunderts an der damals einsetzenden Industrialisierung teilgenommen, die wiederum eine wirtschaftliche, soziale, städtebauliche und kulturelle Entwicklung mit sich brachte, so daß die Bevölkerung rasch zunahm. Oft wurde Terni deswegen das "Manchester Italiens" genannt.

Trotz der um sich greifenden Modernisierung hat sich Terni seinen alten Stadtkern mit verschiedenen Palazzi und Kirchen erhalten.

Dazu zählen: die Kirche San Francesco aus dem 13. Jahrhundert mit der schönen und im 14. Jahrhundert freskierten Cappella Paradisi; die über einem römischen Apollo-Tempel erbaute Kirche San Salvatore; das schöne romanische Kirchlein Sant'Alò; die Kirche San Pietro mit ihrer interessanten Apsis und dem Kloster und schließlich der Dom aus dem 17. Jahrhundert.

"Das Leuchtschwert" von A. Pomodoro.

Hingewiesen werden soll auch auf Reste des römischen Amphitheaters und alter Stadtmauern, auf die mittelalterlichen Stadtviertel zwischen der Via Cavour und der Piazza del Duomo, an der Via Garibaldi und Via Roma, wo Reste alter Türme und verschiedene schöne Palazzi stehen. Der schöne *Brunnen* inmitten der Piazza Tacito ist eine gut gelungene Nachbildung des früheren, im Krieg zerstörten Brunnens.

Terni war im Zweiten Weltkrieg oft Ziel feindlicher Fliegerangriffe und wurde wegen seiner Industrieanlagen, vor allem wegen der Waffenfabrik, häufig bombardiert. Die mächtige Brunnenschale ist mit einem Mosaik der 12 Tierkreise verschönert. In ihrer Mitte erhebt sich ein schlankes Türmchen aus Stahl, als Symbol dafür, daß Terni eine der wichtigsten Eisenindustrien Italiens hat. In der *Basilika San Valentino* sind die sterblichen Reste des Bischofs von Terni - Valentino - aufbewahrt, der im 3. Jahrhundert den Märtyrertod erlitten hat und heute in aller Welt als *Schutzpatron der Verliebten* verehrt wird. Vor Kurzem wurde in Terni ein wichtiges multimediales Zentrum, die *Bibliomediateca*, eingerichtet, das in dem aus diesem Anlaß restaurierten Palazzo Comunale seinen idealen Sitz gefunden hat.

Piazza Tacito.

PALAZZO SPADA

Er wurde vor einigen Jahren als Sitz der Stadtverwaltung restauriert und weist auf die Piazza Europa.

Es ist das letzte Werk des 1546 in Terni verstorbenen Architekten

Palazzo Spada.

Antonio da Sangallo, das allerdings im 18. Jahrhundert durch Hinzufügen eines neuen Teils fast gänzlich verändert wurde, wobei jedoch der schöne Garten diesen Umbauarbeiten zum Opfer fiel, der zu dieser Zeit charakteristisch für vornehme Palazzi war. Die Fassade ist zwischen zwei Türmen eingeschlossen; im unteren Teil öffnen sich drei große Bogen, weiter oben sind drei Fensterreihen angebracht, von denen die mittlere etwas kleiner ist.
Darüber verläuft ein stark vorkragendes Kranzgesims.

Die Kirche San Francesco

Die schöne gotische Kirche stammt aus dem Jahre 1265 und richtete sich nach dem für ganz Umbrien charakteristischen Vorbild einer franziskanischen Basilika. Sie wurde nach und nach unter Hinzufügung der beiden Seitenschiffe umgebaut. Vor allem in der Fassade kommen die einzelnen Bauabschnitte zum Ausdruck. Gut sichtbar von außen ist der Anbau der beiden Seitenschiffe und der Unterschied zwischen dem gotischen Hauptportal und den beiden Nebenportalen.
Sowohl der Bau, als auch die Innenausschmückung wurden während des letzten Weltkrieges erheblich beschädigt. Künstlerisch wertvoll ist vor allem die schöne *Cappella Paradisi*. Sie zeigt einen Freskenzyklus des Bartolomeo di Tommaso aus dem 15. Jahrhundert mit dantesken Themen des Jüngsten Gerichtes.
Schön ist auch der im 15. Jahrhundert von Antonio da Orvieto errichtete Campanile.

Die Kirche San Salvatore.

San Salvatore

Diese Kirche ist nicht nur künstlerisch, sondern auch historisch von Bedeutung und wurde auf einem römischen Gebäude errichtet.
Wegen der eigenartigen Struktur dieser Rundkirche hat man lange Zeit angenommen, daß sie auf einem römischen, der Sonne geweihten Tempel errichtet worden war, doch haben jüngste Forschungen ergeben, daß es sich um ein römisches Wohnhaus handelte. Die Kirche San Salvatore ist einschiffig mit rechteckigem Grundriß, zwei Kapellen und einem runden Presbyterium. Das Kirchenschiff geht auf das 12. Jahrhundert zurück, die beiden Innenkapellen stammen jedoch mit Gewißheit aus späterer Zeit. Die Entstehungszeit des eigentlichen Rundbaus läßt sich nicht genau bestimmen, doch ist er sicher älter als der übrige Teil der Kirche (die Schätzungen gehen vom 8. bis zum 11. Jahrhundert). Bei den Restaurierungsarbeiten hat man großen Wert auf die Beibehaltung der ursprünglichen Struktur gelegt und den romanischen Stil umbrischer Tradition beibehalten. Im Kircheninnern sind verschiedene Fresken aus dem 13. bis 15. Jahrhundert zu sehen. Sowohl in der Kirche, als auch in ihrer unmittelbaren Nähe sind bereits erwähnte Reste aus römischer Zeit zu sehen.

Der Dom

Der Dom beherrscht mit seiner breiten und feierlichen Fassade die Längsseite des Platzes. Der Bau stammt aus dem 17. Jahrhundert, doch standen hier bereits in früh-christlicher Zeit verschiedene Sakralbauten, von denen man Reste im Dominnern sehen kann, wie auch eine frühere romanische Kirche. Der feierlich gehaltenen Fassade ist ein Säulenportikus vorgebaut; der darüberliegende obere Fassadenteil ist durch Lisenen und offene und blinde Fenster aufgegliedert. Das Dominnere ist im typischen Stil des 17. Jahrhunderts gehalten, einige Fresken stammen jedoch noch aus dem alten Kirchenbau des 13. Jahrhunderts.

Interessant ist die von Bernini entworfene Orgel, ein Gemälde Guido Renis und ein anderes aus der flämischen Schule. Man sollte sich auch die Krypta ansehen,

die zwar bei zu Beginn dieses Jahrhunderts durchgeführten Restaurierungsarbeiten erheblich verändert wurde, sich aber ihre frühere Form und verschiedene kostbare Fresken erhalten hat. Außer dem Grab des Bischofs Anastasio sind hier verschiedene archäologische Funde zu besichtigen.

Carsulae Ausgrabungen

Es ist die interessanteste archäologische Zone zwischen Terni und Sangemini. Das antike Carsulae war ein wichtiges römisches Municipium an der Via Flaminia.

Es wurde in alten Zeiten nach einem Erdbeben aufgegeben und ist bis heute noch nicht gänzlich freigelegt; doch befassen sich die Archäologen weiter mit diesem Projekt. Zu sehen sind jedoch das *Forum* mit den Resten der Basilika und zweier Tempel, der schöne *San Damiano-Bogen*, hinter dem Grabmonumente ans

Carsulae Ausgrabungen: Ansicht des Theaters.

Nächste Seite: Piediluco-See.

Licht gebracht wurden, und schließlich die recht gut erhaltenen Reste des *Amphitheaters*. Unweit des Forums steht auch das im Mittelalter errichtete *Kirchlein San Damiano* mit in diesem Gebiet gemachten archäologischen Funden.

PIEDILUCO-SEE

Hinter Terni steigt die nach Rieti führende Staatsstraße bis zur Gabelung nach Miranda, Papigno und Marmore (schöner Ausblick auf die Marmore-Fälle) an.
Miranda ist ein hübscher kleiner Ort auf einer Anhöhe über dem Becken von Terni. Doch unser Ziel soll vorerst der in der Nähe liegende Piediluco-See sein.
Der ruhige, in der schönen umbrischen Landschaft gelegene, unregelmäßig verlaufende See ist von bewaldeten Hängen umgeben, so daß er den Eindruck eines Bergsees erweckt. An seinem Ufer liegt der malerische Ort Piediluco, der sein mittelalterliches Gepräge bewahrt hat. Schön sind die niedrigen Häuser mit den bunten Fassaden, die sich längs des Ufers dahinziehen. Gegenüber erhebt sich der charakteristische *Echo-Berg*, der wegen seines Echos bekannt ist. Auf dem Kegelberg über der Ortschaft steht eine Burgruine aus dem 11. Jahrhundert, von der aus eine Mauer mit Türmen hinunter nach Piediluco führt. Diese Burg war häufig Zankapfel zwischen den Stadtherren der umliegenden Städte. Ein beliebtes Ausflugsziel ist der See, in dem verschiedene Wassersportarten möglich sind. Zudem werden hier jährlich Kanu-Meisterschaften ausgetragen. In jedem Jahr findet hier das sogenannte *Wasserfest* statt.

Valnerina

Die Bezeichnung Valnerina umfaßt das gesamte Tal, das dem Flußlauf des Nera von Terni nach Visso folgt. Das Tal schlängelt sich vorbei an Hügeln und bewaldeten Bergen, weitet sich bisweilen in bebaute Felder aus, um sich dann wieder zwischen engen Felsschluchten einen Weg zu bahnen. In der Hochebene sind mittelalterliche Dörfchen zu sehen, die ihr Aussehen durch die Zeiten hindurch bewahrt haben, und gar nicht selten trifft der Blick hoch oben auf Aussichtstürme, von denen aus die Straße unten im Tal überblickt werden konnte.

Die Marmore -Wasserfälle

Von Terni kommen wir auf die Staatsstraße Valnerina und lernen so den Teil kennen, der sich in der Nähe von Piedipaterno mit der anderen Straße verbindet, die wir bereits auf unserer Fahrt durch die Provinz Perugia kennengelernt haben. Nur 7 km von Terni entfernt liegen die berühmten Marmore-Fälle, wohl eines der fesselndsten Naturschauspiele Italiens und zudem ein beliebtes Ausflugsziel in der Umgebung der Stadt. Unvergeßlich ist das wild aufschäumende, tief hinabstürzende Wasser, das immer wieder als Naturwunder bestaunt wird. Der Blick folgt dem tosenden Fall der Wassermassen, die erst unten im Tal ihre Ruhe finden. Um die jährlichen Überschwemmungen der Rieti-Ebene durch den Velino bei seinem Zusammenfluß mit der Nera zu unterbinden, ließ der römische Konsul Curio Dentatus 271 v.Chr. Lauf und Mündung des Velino umleiten; auf diese Weise entstanden die künstlichen Marmore-Wasserfälle. Der Velino fällt aus einer engen Schlucht in drei gewaltigen Sprüngen 165 m tief in das Nera-Becken; alleine der erste Abschnitt hat eine Höhe von 80 Metern.

Casteldilago: Typischer Landschaftsausschnitt der Valnerina.

Arrone

Der bewohnte Teil der Stadt teilt sich in die beiden Viertel Santa Maria, das modernere Viertel und in das antikere, das unter dem Namen La Terra bekannt ist. Auch dieses Städtchen ist mittelalterlich und berühmt für seine Forellenzucht und die exquisiten Trüffel.

Ferentillo

Der aus den Ortsteilen Matterella und Precetto bestehende Ort ist an einem strategischen Punkt gelegen, von dem aus das Nera-Tal überwacht werden konnte. Davon zeugen die Wachtürme und der Mauerwall, die den Kämmen der Berghänge folgen. In der Kirche Santo Stefano sind die Mumien zu besichtigen, Leichname, die dank der chemisch-physikalischen Bodenverhältnisse auf natürliche Weise und in perfektem Zustand erhalten sind. An den Felswänden beim Dorf kann man an Bergsteiger-Kursen teilnehmen.

Die Abtei San Pietro in Valle

Von größtem historischen, kulturellen und künstlerischen Interesse ist diese Abtei zum einen aufgrund ihrer Bedeutung für die Geschichte des Mönchstums, zum anderen aufgrund der Entwicklung der Malerei am Übergang vom byzantinischen zum romanischen Stil. Sie wurde vom Herzog von Spoleto, Faraoldo II. im 8. Jh. gegründet, der sich für die Abgeschiedenheit eines Lebens als Mönch an dem Ort entschied, an den sich andere Eremiten zurückgezogen hatten und wo es bereits andere romanische Bauwerke gab. Zur Verschönerung der Abtei tragen Sarkophage, Skulpturen und ein herrlicher Freskenzyklus mit "Episoden aus dem Alten und Neuen Testament" bei.

Oben: Arrone.
Unten: Ferentillo.

NORCIA

Norcia ist die wichtigste Stadt in der Valnerina. Sie ist aufgrund ihrer Bauwerke, aber auch als Fremdenverkehrsort mit optimalen Wetterverhältnissen geschätzt, bekannt ist das Städtchen allerdings in erster Linie als Heimat des hl. Benedikt, des Schutzpatrons Europas. Er lebte zwischen dem 5. und 6. Jahrhundert, wirkte vor allem in Montecassino und gründete den Benediktinerorden, der überall in Italien große Verbreitung fand, indem Klöster gegründet wurden, die nicht nur hinsichtlich religiöser Dinge beachtliche Aktivitäten entwickelten, sondern auch und vor allem wirtschaftliche und kulturelle Aspekte miteinbezog. Auch die heilige Scolastica, die Schwester des hl. Benedikt, stammt aus Norcia. Den Mittelpunkt Norcias bildet die malerische und sehr interessante Piazza San Benedetto, wo sich die bedeutendsten Bauwerke der Stadt befinden: In der MItte des Platzes steht das *Denkmal zu Ehren des hl. Benedikt*. An einer Seite erhebt sich die *Castellina*, eine im 16. Jahrhundert auf Wunsch Papst Julius' III. hin nach Plänen Vignolas gebaute Festung; hier ist heute ein Museum untergebracht. Daneben befindet sich der *Dom* (16. Jh.) mit in einem Satteldach abschließender Fassade und imposantem Glockenturm. Die im 14. Jahrhundert errichtete *Kirche San Benedetto* ist zum Platz hin versetzt; sie soll der Überlieferung zufolge auf einem Vorgängerbau gebaut worden sein, der sich über dem Wohnhaus des Heiligen erhob. Trotz der zahlreichen Umbauten ist die Fassade noch immer schön gestaltet. Einer Erwähnung wert ist an dieser Stelle auch der *Palazzo Comunale* aus dem 14. Jahrhundert, dem im unteren Teil ein sehr schöner Portikus vorgebaut ist, während das Obergeschoß durch eine Loggia belebt wird. Daneben erhebt sich ein Turm aus dem 17. Jahrhundert. Zu den weiterhin erwähnenswerten Bauwerken von Norcia zählen die Kirchen Santa Maria Argentea, die Kirche Sant'Agostino aus dem 14. Jh., die Kirche San Giovanni mit Resten des gotischen Baus, die Hl.Kreuz-Kirche und das Oratorium Sant'Agostino. Das sogenannte *Tempelchen* (Tempietto), ein mit Statuen geschmückter und von zwei Arkaden geöffneter Marmorbau aus dem 14. Jahrhundert darf hier nicht fehlen.

Piani di Castelluccio Monte Vettore

Die Ebene von Castelluccio und die Sibillinischen Berge stellen aufgrund ihres hohen Landschaftswerts nicht nur ein beliebtes Ziel für Wander- und Naturfreunde dar, sondern sind auch für Wissenschaftler und vor allem Geologen, die hier beispielsweise Karsterscheinungen untersuchen, von großem Interesse. Die Ebene von Castelluccio besteht aus 3 enormen von Erhebungen umgebenen Becken: dem Piano Grande (8 km lang), dem Piano Piccolo und dem Piano Perduto. Sie befinden sich in circa 1200 m Höhe und sind während eines Großteils des Jahres schneebe-

deckt. Im Frühjahr hingegen, und vor allem im Juni, sind die Wiesen hier ein wahres Blumenmeer, das Massen von Touristen anzieht. Charakteristisch für diese Ebenen ist die von Karsttrichtern und Karstbrunnen gekennzeichnete Landschaft.
Am Rand des Großen Beckens, dem Piano Grande erhebt sich der Berg Vettore (2475m hoch); an einem anderen Hang ist das Dörfchen *Castelluccio di Norcia* gelegen, das für seine Linsen berühmt ist. Die Anlage des Dorfes ist wie so oft mittelalterlich, mit konzentrisch verlaufenden engen Straßen. Die Hauswände sind mit satirischen und oftmals auch burlesken Schriften versehen.

CASCIA

Das Städtchen war im Mittelalter von einer gewissen Bedeutung, da hier wichtige Straßen zusammentrafen und es im Casciano-Gebiet zu einem wichtigen politischen, wirtschaftlichen und kulturellen Pol wurde. Es liegt an einer Schleife des Flusses Corno und ist von steilen Hängen umgeben.

Cascia wird das ganze Jahr hindurch von unzähligen Fremden besucht, die hierher zum Wallfahrtsort der hl. Rita kommen.

Sie wurde Ende des 14. Jahrhunderts in Roccaporena in der Nähe von Cascia geboren. Bereits in ihrer Jugend fühlte sie eine starke religiöse Berufung und wollte Nonne werden; die bereits betagten Eltern wollten sie jedoch verheiraten. Ritas Eheleben soll sehr schwer gewesen sein.

Nach der Ermordung ihres grobschlächtigen Gatten und ihrer beiden Söhne erhielt sie nicht ohne Schwierigkeiten die Erlaubnis zum Eintritt in das Augustinerkloster. Sie starb am 22. Mai 1457. Ihr schweres Leben, die Wunder, die auf ihre Fürbitte hin geschehen sein sollen und die Verehrung der Gläubigen bewirkten 1900 die Heiligsprechung. Auch heute suchen unzählige Pilger aus aller Welt den Wallfahrtsort und die Erinnerungsstätten der hl. Rita auf.

Durch den überaus starken Pilgerzustrom hat sich die Struktur des Städtchens völlig verändert. Nicht nur die Wallfahrtskirche, sondern auch zahlreiche Unterkünfte wurden für die Pilger errichtet.

Dadurch wurde allerdings der ursprüngliche mittelalterliche Charakter des Städtchens ziemlich beeinträchtigt. Dennoch blieben einige mittelalterliche Teile mit den typischen Häusern, Straßen und Kirchen erhalten, die einen Eindruck vermitteln, wie Cascia ursprünglich ausgesehen hat.

Wallfahrtskirche der hl. Rita

Die Kirche erhebt sich im Herzen des mittelalterlichen Cascia; ihre Fassade weist auf den gleichnamigen Platz. Dieser Sakralbau wurde von 1937 bis 1947 in verschiedenen nachgeahmten Baustilen, dem klassizistischen, gotischen, byzantinischen und sogar romanischen, errichtet. Früher befand sich an dieser Stelle ein kleines altes Kirchlein, das im Laufe der Jahrhunderte mehrmals umgebaut wurde.

Das Innere der heutigen Wallfahrtskirche ist reich mit Marmor und Fresken mit Darstellungen wichtiger Episoden aus dem Leben der hl. Rita und deren Wunder geschmückt. Der interessanteste Teil ist wohl die Kapelle der hl. Rita, wo - gut sichtbar - die sterbliche Hülle der Heiligen in einem Glassarg zu sehen ist. In der Kapelle werden auch Seiten eines Meßbuches aufbewahrt, auf die aus einer geweihten Hostie Blut getropft sein soll. Seitlich der Wallfahrtskirche steht das einfache, stille Kloster, in dem viele Andenken an die Heilige aufbewahrt werden.

RELIGIÖSE FESTE UND FEIERN

Der Kult der heiligen Rita findet zu seinem höchsten Ausdruck vor allem in diesem fast alltäglichen Pilgerstrom zu dem ihr geweihten Heiligtum - in einer speziell für sie angefertigten Großurne ruht ihr Leichnam, der die Jahrhunderte überdauerte - und zu den Orten, an denen sie gewirkt hatte. In Massen pilgert man das ganze Jahr über dorthin; diese Prozession erreicht ihren absoluten Höhepunkt am 22. Mai, dem Sterbetag der Heiligen. Aus diesem Anlaß werden die religiösen Zeremonien stets besonders feierlich. Sie umfassen zahlreiche Veranstaltungen: neben den rein religiösen Feiern, die in der Kirche der heiligen Rita von Cascia und an anderen Sakralorten stattfinden, konzentriert sich dieses Fest auf eine eindrucksvolle Vergegenwärtigung des Lebens der Heiligen, vor allem auf die bekanntesten Beispiele ihrer Wundertätigkeit, Episoden, welche Laiendarsteller in historischen Kostümen auf der Piazza vor dem Heiligtum stets höchst lebendig gestalten. Eng geknüpft an diese religiöse Zeremonie ist die *Verteilung der geweihten Rosen* und anderer Reliquien der Heiligen. Aber der faszinierendste Moment ist der grandiose und außergewöhnliche *Fackelzug*, welcher in der Nacht vom 21. zum 22. Mai das ganze Städtchen erleuchtet, und der sehr überzeugend Glaubensbrand, genannt wird: eine lange Reihe von Lichtern, welche an den Augenblick erinnern sollen, als die heilige Rita vom irdischen ins ewige Leben überging. Es soll an dieser Stelle nicht unerwähnt bleiben, daß das Feuer, welches die genannten Fackeln erhellt, jedes Jahr aus Lourdes geholt wird, dieser kleinen Stadt, die wegen ihrer charakteristischen religiösen Tradition die Partnerstadt von Cascia ist. Wir erwähnten schon das Fest, welches jährlich am 3. Juni-Sonntag in Roccaporena stattfindet. Aus diesem Anlaß werden geweihte Rosen verteilt, welche die Heilige ganz besonders liebte, und die ihr Symbol darstellen, so daß sie auch "Rose von Roccaporena" genannt wurde. Daneben sollen alle weiteren religiösen Zeremonien erwähnt werden, die vor allem in der Karwoche stattfinden, insbesondere die eindrucksvolle Prozession des Toten Christus.

ROCCAPORENA

Der Ort liegt etwa 6 km von Cascia entfernt an den Ausläufern einer bergigen Landschaft. Auch von hier hat man eine schöne Aussicht.
Roccaporena ist mit dem Leben und Wirken der hl. Rita eng verbunden. Hier steht noch ihr *Haus*, das in eine kleine Kapelle umgewandelt worden ist, ein eindrucksvoller, einfacher Ort zu ihrem Gedenken. Hier steht auch die *Kirche San Montano* aus dem 14. Jahrhundert, in der die Heilige vermählt wurde.
Angebaut ist eine weitere, ihr geweihte Wallfahrtskirche und die Pilgerherberge.
Eines der Ziele vieler Pilger, die jährlich zu den Stätten der hl. Rita kommen, ist in Roccaporena auch der Felsen der Heiligen, der sich einsam und mächtig über dem Ort erhebt.
Hier soll Rita oft in Gebet und Meditation verweilt haben, so daß ihre Knie den Felsen blank gerieben haben.

Außen- und Innenansicht der Kapelle auf dem Santa Rita-Felsen.

NARNI

Dieses überaus interessante und an Bauwerken reiche Städtchen liegt an der via Flaminia, wenige Kilometer von Terni entfernt und schmiegt sich anmutig und malerisch an einen Hügel, der über dem Flußtal der Nera thront. Narni erstreckt sich an einem Felssporn, an der höchsten Stelle des bewohnten Stadtteils ragt majestätisch die Rocca dell'Albornoz auf. Narni war einst umbrisch und trug den Namen Nequinum; nach der Eroberung durch die Römer hieß es Narnia und gewann unter römischer Herrschaft dank seiner strategisch günstigen Lage an Einfluß und Bedeutung: Zeugnis davon legt die imposante Augustus-Brücke ab, von der noch ein Teil der Baustruktur und eine mächtige Arkade zu erkennen sind. In der Folge mußte die Stadt Invasionen von Barbaren über sich ergehen lassen und kam schließlich unter langobardische Herrschaft. Als es letztendlich Freikommune wurde, dehnte es seinen Herrschaftsbereich über weite Teile des Landes aus. Vom 14. Jahrhundert an regierten hier mehrere Stadtherren, bis Albornoz den Ort schließlich wieder dem Kirchenstaat einverleibte. Hier war die Heimat von Kaiser Cocceio Nerva und von Kondottiere Erasmo il Gattamelata. Das Stadtbild ist noch immer mittelalterlicher Prägung wie auch viele der Bauwerke des Städtchens aus dem Mittelalter stammen. Der dem hl. Juvenal geweihte *Dom* ist ein interessanter romanischer Bau, in dessen Innenraum sich die kleine *Gedächtniskapelle* des Heiligen aus dem 9. Jahrhundert sowie einige Werke von Vecchietta, Mezzastris und Torresani befinden. Die *Piazza dei Priori* ist ein kleines Juwel mittelalterlicher Baukunst. Hier sind neben der *Loggia dei Priori* mit den mächtigen Arkaden aus dem 14. Jh., vermutlich ein Werk des Gattapone, und der *Kanzel* dei Banditori, auch der *Palazzo del Podestà* (heute Sitz der Gemeindeverwaltung) aus dem 12.-15. Jh. zu besichtigen, wo Fundstücke aus der Römerzeit und Gemälde von Ghirlandaio und Gozzoli aufbewahrt sind und ein schlichter und eleganter *Brunnen* zu

bewundern ist. Ein wahres Kleinod ist die kleine *Kirche Santa Maria in Pensole* mit den herabgesetzten Arkaden im Portikus und ihren eleganten Portalen. Von Interesse sind auch die Kirchen *San Domenico* und *San Francesco*. Was an diesem Ort vor allem überrascht, sind all die Gäßchen, die kleinen Plätze und die Pfeilerbogen, die sich an die Hauswände lehnen und den einzigartigen Charakter und Charme dieses Städtchens ausmachen. Die großartige, kürzlich restaurierte *Rocca*, die Albornoz als Ausdruck der wiederhergestellten Macht des Kirchenstaats in dieser Gegend errichten ließ, beherrscht das Stadtbild. Am Stadtrand von Narni ist die mächtige Augustus-Brücke zu bewundern, ein bedeutendes Baudenkmal aus der Römerzeit. Heute ist davon eine große Arkade erhalten, die allein bereits Größe und solide Baustruktur des ursprünglichen Baus dokumentiert. Auf dem gegenüberliegenden Hügel liegt die *Abtei San Cassiano*. In Narni findet alljährlich zum Fest des Schutzpatrons der Stadt eine wichtige Veranstaltung statt: die *Corsa dell'Anello*, ein Wettrennen, bei dem die Reiter aus den drei Stadtteilen ihre Geschicklichkeit unter Beweis zu stellen haben, Trachtenumzüge und kulturelle Veranstaltungen stattfinden und in den Tavernen typische Speisen gekostet werden können. Wenige Kilometer entfernt befindet sich die *Franziskaner-Höhle Sant'Urbano*. Diese inmitten eines dichten Steineichen- und Kastanienwaldes gelegene Höhle ist ein Ort der Ruhe und des Friedens, eingetaucht in eine Atmosphäre der Spiritualität und Schlichtheit wie es für franziskanische Einsiedeleien so typisch ist. Hier befinden sich ein Kloster, zwei Kirchen, ein Kreuzgang, ein Refektorium und mehrere zu verschiedenen Zwecken dienende Räume. Die Zellen liegen zur Felswand hin; die ursprüngliche kleine Kirche ist ein winziger Raum; in einer der Zellen befindet sich noch heute das Bett des hl. Franziskus. In die Grotten hier ganz in der Nähe zog sich der "Poverello di Assisi" oft und gerne zum Gebet zurück. Vom Kreuzgang aus bietet sich dem Besucher eine herrliche Aussicht.

Seite 108: Oben - Panorama.
Unten: Rocca.
Auf dieser Seite, oben:
Abtei San Cassiano.
Unten: Franziskaner-Höhle
S. Urbano - Kreuzgang.

ORVIETO

Es gibt viele Gründe, die dazu beigetragen haben, daß Orvieto zu einer der bekanntesten Städte der Welt und sicherlich zu einer der schönsten und interessantesten Italiens geworden ist.
Vor allem sind es die herrlichen Bauwerke, wie der schon von weitem sichtbare Dom, aber auch die Reste aus der Etruskerzeit.
Orvieto ragt auf einem hohen Tuffelsen gleichsam wie eine Insel aus der grünen Landschaft heraus; das mittelalterliche Stadtgefüge ist überaus pittoresk und eindrucksvoll.
Bekannt ist Orvieto aber auch wegen seines ausgezeichneten Weines und der beiden traditionellen Feste, das Fronleichnamsfest (Corpus Domini) und das Fest der Taube (Palombella).
Auch in dieser Stadt hat sich Kunsthandwerk - wie Keramik und Spitzenarbeiten - aus alten Zeiten bis heute erhalten.
Hinsichtlich des Ursprungs Orvietos teilen sich die Meinungen der Historiker: die einen halten es für das einstige Volsinii Veteres, andere sehen in Orvieto das antike Urbisvetus.
Es gilt aber als sicher, daß sich in dieser Gegend, und vor allem auf diesem Tuffelsen, die Etrusker niedergelassen hatten, wie es die hier gefundene Nekropole (Totenstadt) beweist.
Über eine römische Herrschaft ist nichts bekannt. Zur Zeit der Barbareneinfälle wurde dieser Ort von Alarich und Odoaker besetzt.
Um das 11. Jahrhundert wurde Orvieto Freikommune und gewann so sehr an Bedeutung, daß es sich nicht nur auf die umliegenden Gegenden ausdehnen konnte, sondern es wurde auch begonnen, die Stadt mit Baudenkmälern zu verschönern, die bis heute erhalten sind.
Bei einem Rundgang durch die Stadt wird der Tourist sogleich von der Orvieto so eigenen Atmosphäre in Bann gezogen.

Der Dom

Der herrliche Dom mit seiner hoch aufragenden weißen Fassa-

de ist eines er schönsten Meisterwerke der Baukunst. Er wurde zum würdigen Gedenken an das Wunder von Bolsena (1263) errichtet. Der Legende nach sah ein Priester aus Böhmen, der nicht ganz überzeugt von der Verwandlung von Fleisch und Blut war, bei der Meßfeier in Bolsena, wie bei der Wandlung Blut aus der Hostie tropfte und das Korporale benetzte. Dieses Wunder wurde dem gerade in Orvieto weilenden Papst Urban IV. berichtet, der daraufhin in dieser Stadt das Fronleichnamsfest (Corpus Domini) einsetzte. Später beschloß man, den Dom

zu errichten, in dem diese kostbare Reliquie, das Korporale, aufbewahrt werden sollte.
Die Bauarbeiten wurden im ausgehenden 13. Jahrhundert nach einem Entwurf des Fra Bevignate aus Perugia begonnen und später von Uguccione aus Orvieto weitergeführt. Da Zweifel an der Festigkeit der baulichen Struktur des Domes aufkamen, holte man verschiedene Gutachten von Sachverständigen ein. Die Wahl fiel auf den Bildhauer und Baumeister Maitani aus Siena, der dem Dom seine endgültige Struktur gab. Viele Künstler haben jedoch an der Vervollständigung dieses großartigen Bauwerkes mitgearbeitet. Auf die vollständige Baugeschichte des Domes kann hier aus Platzmangel nicht eingegangen werden. Trotz der Mitwirkung verschiedener Künstler bildet der Dom zu Orvieto mit der kühnen Baustruktur, den wunderbaren Fresken und dem mehrfarbigen Marmor eine vollkommene und harmonische Einheit.
Die Fassade ist ein Schmuckstück gotischer Architektur und gleicht einem gewaltigen Triptychon, in dem Baukunst, Skulptur und Mosaiken zu einer harmonischen Einheit verschmelzen. Sehr schön sind hierbei vor allem der mehrfarbige Marmor und die leuchtenden Goldmosaike.
Etwas von der majestätischen Feierlichkeit dieses Domes scheint auf seine bauliche Umgebung auszustrahlen.
Das eher einfache und schlicht gehaltene Dominnere mit seinen Skulpturen und Fresken ist ein wahrer Kunstschrein. Erwähnt werden soll hier vor allem die *Kapelle des Korporale*, in der die kostbare Reliquie des Wunders von Bolsena aufbewahrt ist; sehenswert in dieser Kapelle sind auch die von Pietro Lorenzetti und Gentile da Fabriano ausgeführten Fresken. Im linken Querschiff steht die *Pietà* des Orvietaner Bildhauers Ippolito Scalza. An dieser vollendet schönen, aus einem einzigen Marmorblock gehauenen Gruppe mit vier Gestalten in Lebensgröße hat er von 1570 bis 1579 gearbeitet.
Durch ein kunstvoll geschmiedetes Eisengitter gelangt man in die *Kapelle San Brizio*.
Sie ist mit dem wohl einzigartigen Freskenzyklus ausgeschmückt und hat ein schönes Kreuzgewölbe.
Die Fresken begann 1447 Fra

Giovanni da Fiesole (Beato Angelico).
Nach der Ausführung der ersten beiden Felder reiste er jedoch ab und kehrte nicht mehr nach Orvieto zurück. Vergeblich versuchten die Stadtväter andere Künstler der damaligen Zeit, wie Benozzo Gozzoli und Perugino für die Weiterführung des Freskenzyklus zu interessieren.
Schließlich erklärte sich Luca Signorelli 1489 bereit, die Arbeiten zu übernehmen. Er begann zunächst mit der Auffrischung der Fresken Fra Angelicos und freskierte dann die übrigen Felder. Weltberühmt sind unter anderem seine Wandbilder mit den Taten des Antichristen und die Darstellungen des Weltuntergangs.
Die überaus große Ausdruckskraft inspirierte später Michelangelo bei der Ausschmückung der Sixtinischen Kapelle.

Palazzo Soliano, früher Papstpalast

Rechts vom Dom steht der im gotischen Stil gehaltene gewaltige Bau aus Tuffstein, der nach dem Willen Papst Bonifatius' VIII. um das Jahr 1297 errichtet wurde. Die Bauarbeiten wurden später unterbrochen und 1443 schließlich wieder aufgenommen; 1896 wurde der Palast vom Architekten Paolo Zampi restauriert, der die oberen Fenster öffnete und den Bau mit einem Zinnenkranz versah. Heute ist hier das Museum der Dombauhütte (Museo dell'Opera del Duomo) untergebracht. Unter dem Laubengang des Palazzo sind verschiedene archäologische Funde aufgestellt, unter anderem drei romanische Bogen, verschiedene Inschriften und Meilensteine. Über die breite Außentreppe gelangt man in ei-

nen Saal, in dem abgenommene Fresken aus verschiedenen Kirchen Orvietos zu sehen sind, weiters zahlreiche Skulpturen und Gemälde aus dem 13. und 14. Jahrhundert, darunter Teile eines Flügelaltares des Simone Martini, aber auch Skulpturen von Pisano und Terrakotta-Arbeiten der Della Robbia.

Palazzo del Capitano del Popolo

(Palast des Stadthauptmanns) Der gewaltige Tuffbau im romanisch-gotischen Stil wurde im 12. Jahrhundert begonnen und im darauffolgenden Jahrhundert zu Ende geführt. Interessant sind vor allem die mächtigen Arkaden mit dem vorkragenden Gesims, die dreibogigen Fenster im oberen Stockwerk und die schöne Zinnenbekrönung; eine breite Außentreppe führt zur Terrasse. In neuerer Zeit wurde der Palazzo von den beiden Architekten Paolo und Carlo Zampi restauriert, die ihm seine ursprüngliche Form wieder zurückgaben.

Der Brunnen des Hl. Patrick

Mit dem Entwurf zu diesem originellen Projekt wurde 1527 der Baumeister Antonio da Sangallo d.J. vom gerade in Orvieto weilenden Papst Clemens VII. beauftragt, damit die Wasserversorgung der Stadt bei einer Belagerung gewährleistet sei. Der Brunnen ist 62 m tief, hat eine zylindrische Form und zwei konzentrische Treppen, die schneckenförmig übereinander um den Schacht herum angelegt sind, und deren Stufen für Menschen und Tragtiere leicht begehbar waren. Sie sind so angelegt, daß sie miteinander nicht in Verbindung stehen. Der Brunnenschacht wird von 70 Fenstern schwach beleuchtet und belüftet. Der Abstieg in den Brunnen ist wegen seiner wohl einzigartigen Anlage sehr interessant: je tiefer man hinunterkommt, desto mehr geht das Licht in Halbdunkel und in bläulich-grünliche Farben über. Blickt man nach oben, so ergeben sich immer wieder neue optische Effekte; auch die nach oben führenden Wendeltreppen scheinen sich in dieser Perspektive ins Unendliche zu verlieren.

Die Abtei SS. Severo e Martirio.

Die Abtei SS. Severo e Martirio

Die interessante Abtei geht auf das 12. Jahrhundert zurück und gehörte dem Benediktinerorden; später ging sie in den Besitz des französischen Prämonstratenserordens über. Dieser ließ den Bau erweitern, wobei ein großes Refektorium, ein heute zerstörter Kreuzgang und ein romanisch-gotischer Kapitelsaal hinzugefügt wurden.
Der erhabene zwölfeckige Turm ist mit einem Zinnenkranz abgeschlossen. Die Klosteranlage ist schlicht und doch beeindruckend. Von hier bieten sich schöne Ausblicke auf die Umgebung.

Der Brunnen des hl. Patrick.

Das Fest der Palombella

Im suggestiven Rahmen seiner Plätze und Palazzi finden in Orvieto jährlich mehrere interessante kulturelle und religiöse Veranstaltungen statt, wie das Fronleichnamsfest, das Fest der Palombella (Taube), das Fest Mariä Himmelfahrt und andere Veranstaltungen, sowie Ausstellungen umbrischer Weine und des Kunsthandwerkes. Das Fest der Palombella wurde im 14. Jahrhundert eingeführt und findet am Pfingstsonntag um 12 Uhr Mittag auf dem Domplatz statt. Auf den Stufen vor dem Hauptportal ist ein Tabernakel mit den Figuren der Muttergottes und der Apostel aufgestellt. Vom Turm der gegenüberliegenden Kirche San Francesco wird eine weiße Taube mit weit geöffneten Flügeln auf einem Drahtseil zum Tabernakel vor dem Dom herabgelassen und löst beim Aufprall ein kleines Feuerwerk aus. Aus dem Ausgang des Taubenfluges zieht die Bevölkerung nach alter Tradition Schlüsse auf eine gute oder schlechte Ernte. Nach einem alten Brauch wird die Taube dem Bischof von der zuletzt in Orvieto getrauten Braut übergeben.

Das Fronleichnamsfest (Corpus Domini)

Das 1264 von Papst Urban IV. in Orvieto eingesetzte Fronleichnamsfest wird hier besonders feierlich begangen. Die im Dom aufbewahrte Reliquie des Korporale wird in einer Prozession durch die Straßen der Stadt getragen. Voran geht ein farbenprächtiger historischer Umzug, an dem 300 Personen in den damaligen Kostümen teilnehmen.

Das Korporale wird zweimal im Jahr im Dom ausgestellt, und zwar am Ostersonntag und am Fronleichnamsfest.

TODI

Wir befinden uns nun in einer der schönsten Städte Umbriens und Italiens überhaupt, interessant wegen ihrer Bauwerke, einzigartig wegen ihrer Lage und faszinierend wegen ihrer mittelalterlichen Atmosphäre.
Einer Legende nach soll Todi an der Stelle errichtet worden sein, an der sich ein Adler niedergelassen hatte.
Deshalb schmückt ein Adler auch das Stadtwappen.
Todi war ursprünglich etruskisch, stand aber in engem Kontakt mit den Umbrern, die sich unweit des Tiber angesiedelt hatten. Später fiel es unter römische Herrschaft und wurde wegen der Tapferkeit seiner Bürger als Verbündete Roms auch Marzia genannt.
Im Mittelalter war Todi eine Freikommune, erfuhr eine wirtschaftliche Blüte und konnte das Stadtgebiet weiter ausdehnen, so daß eine neue Stadtmauer errichtet werden mußte. Frühere Stadtmauern waren etruskisch und römisch. Zur gleichen Zeit wurde in der Stadt auch der Großteil der Gebäude errichtet, die auch heute noch zu sehen sind.
Später kam Todi unter die Herrschaft verschiedener "Signori", wurde dann dem Kirchenstaat einverleibt und kam schließlich nach 1860 zum Königreich Italien.
Todi war auch die Heimat des mystischen Dichters Jacopone da Todi, der in frühitalienischer Volkssprache unzählige geistliche und weltliche Laudi verfaßte. Er war Gefolgsmann des Franziskus und verbrachte sein Leben in Buße; allgemein wurde er "Narr Gottes" genannt. Bonifaz VIII. ließ ihn schließlich als Skandal der Kirche in den Kerker werfen, wo er auch starb. Ein Rundgang durch die Stadt fesselt wegen der verschiedenen Bauwerke und des mittelalterlichen Gepräges im Stadtkern. Zwei Mauerringe, einer etruskisch-römisch, der andere aus dem Mittelalter, umgeben die auf einem Berghang liegende Stadt.

PIAZZA DEL POPOLO

Der Mittelpunkt der Stadt ist wohl einer der schönsten und bekanntesten Plätze: die Piazza del Popolo. Der rechteckige und von eindrucksvollen Gebäuden umgebene Platz mit dem Dom, dem Palazzo dei Priori, dem Palazzo del Popolo und dem Palazzo del Capitano war in der Antike das römische Forum.

Die Seite des Platzes gegenüber dem Dom nimmt der *Palazzo dei Priori* ein, der im 14. Jahrhundert errichtet und im Laufe der folgenden Jahrhunderte teilweise umgebaut wurde. Er hat jedoch im wesentlichen sein ursprüngliches Aussehen erhalten. Interessant ist er wegen seines Turmes aus dem 14. Jahrhundert mit trapezförmigem Grundriß. An der rechten Seite der Piazza stehen nebeneinander der *Palazzo del Popolo* und der *Palazzo del Capitano*. Ersterer stammt aus dem 13. Jahrhundert, hat einen Laubengang mit niedrigen Arkaden und schließt oben mit Zinnen ab. Zu dem angrenzenden Palazzo del Capitano führt ein monumentaler Treppenaufgang mit hohen Stufen. Die Front ist mit drei- und vierbogigen eleganten Fenstern verschönert. Im Innern dieses Palazzo befinden sich Pinakothek und Archäologisches Museum. In der Pinakothek sind Gemälde zu sehen, darunter mehrere von Lo Spagna. Das Museum hingegen enthält eine Sammlung wichtiger etruskischer und römischer Funde aus dieser Gegend, darunter eine Kopie des berühmten Mars von Todi.

Von besonderem Interesse ist auch die *Sala del Consiglio generale* (Ratsaal) und die *Sala del Capitano del Popolo* (Saal des Stadthauptmanns) mit Resten von Skulpturen und Malereien aus dem 13. Jahrhundert.

Der Dom

Zu dem an der zweiten Schmalseite des Platzes erhöht liegenden Dom führt eine breite Treppe. Der Bau stammt aus den ersten Jahren des 12. Jahrhunderts und wurde immer wieder umgestaltet.

Während der römischen Herrschaft stand an dieser Stelle wahrscheinlich ein Apollo-Tempel.

Die schöne Tafelfassade ist durch Lisenen in drei Felder mit ebenfalls drei Portalen und drei Rosetten unterteilt.

Die über dem Hauptportal in der Mittelzone liegende große Rosette gibt der Fassade einen besonderen Akzent; sie stammt jedoch aus späterer Zeit.

Im überaus harmonischen und dreischiffigen Kircheninneren wechseln sich Pfeiler und Säulen mit schönen Kapitellen ab. Zu sehen sind hier auch verschiedene Gemälde. Unter dem Presbyterium befindet sich eine sehenswerte Krypta mit gotischem Altar.

Aber auch von außen sollte man sich den Dom mit der ursprünglich romanischen Apsis und dem übrigen Teil mit vorwiegend gotischen Bauelementen ansehen.

Santa Maria della Consolazione

Die Kirche liegt vor den Toren der Stadt auf einer Anhöhe, von der man einen schönen Blick auf die Talebene hat. Verschiedentlich wurde angenommen, der große Renaissance-Baumeister Bramante, der vorwiegend in Rom wirkte, habe diesen Bau entworfen und ausgeführt, was jedoch nicht in offiziellen Urkunden Bestätigung findet.
Die Annahme ist jedoch nicht ganz aus der Luft gegriffen, da sein Name bereits im 16. Jahrhundert in alten Dokumenten

Oben: Santa Maria della Consolazione - Kuppel.
Unten: Santa Maria della Consolazione - Innenraum und barocker Altar.
Nebenstehende Seite: Santa Maria della Consolazione.

auftaucht und die Kirche zudem ganz seinem Stil entspricht. An der Ausführung der Kirchen haben bekannte Baumeister ihrer Zeit wie Sangallo, Vignola und Peruzzi mitgewirkt.
Zweifellos ist diese Kirche eines der ungewöhnlichsten Bauwerke der italienischen Renaissance und Umbriens überhaupt.
Sie hat die Form eines griechischen Kreuzes mit drei polygonalen Apsiden und einer Rundapsis, die einer Zentralkuppel zustreben; das Innere ist lichtdurchflutet und feierlich.
In den Nischen der ersten drei Apsiden stehen Apostelstatuen; über dem Hauptaltar ist das Gnadenbild der "Madonna della Consolazione" aus dem 14. Jahrhundert freskiert.

INHALTSVERZEICHNIS

S.S. Flaminia, km 90 - 05035 Narni - Terni - Italia
Tel. 0744 / 715946 - Fax 0744 / 722540 - (Italy country code: +39)

Druck: 1999 - Plurigraf S.p.A. - Narni

Fotografien:
Archivio Plurigraf
A.P.T. Città di Castello: 33 Oben.
Marka: 2/3 - 6/7 - 38/39 - 66 - 76/77 - 84/85 - 98: G. Simeone.
Marka: 21 - 22 - 87 - 88 Oben - 88 Unten: T. Conti.
Marka: 25 - 26 - 27 - 28 - 29 - 30 - 31 Unten - 78 - 80 Oben
80 Unten - 81 - 94 Unten - 102/103 - 112 -113: D. Donadoni.
Marka: 89: V. Arcomano.
Foto Lucarini: 92.
M. Sabatini: 11 Unten.
M. Santarelli: 108 Unten - 109 Oben.
S. Svizzeretto: 97 - 99 - 100 Oben - 100 Unten.
F. Tulli: 91 - 92 Oben - 92 Unten - 94 Oben.
Die Luftbilder wurden von S.M.A. (402 - 16/5/91 und 506 - 20/6/91) genehmigt.

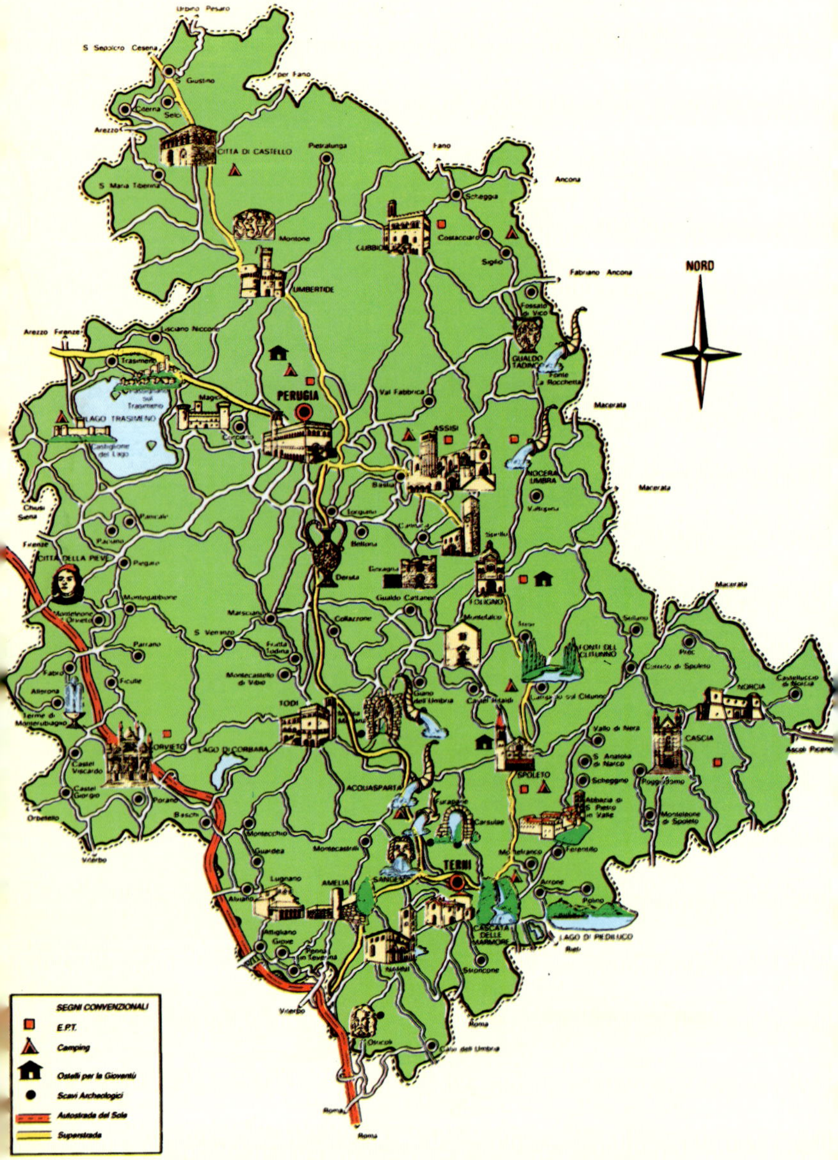

NORD
Urbino Pesaro
S. Sepolcro Cesena
S. Giustino
per Fano
Citerna
Selci
Arezzo
CITTÀ DI CASTELLO
Pietralunga
Fano
S. Maria Tiberina
Scheggia
Ancona
Montone
GUBBIO
Costacciaro
Sigillo
Fabriano Ancona
UMBERTIDE
Fossato di Vico
Arezzo Firenze
Lisciano Niccone
GUALDO TADINO
Trasimeno
Fonte la Rocchetta
Passignano sul Trasimeno
PERUGIA
Val Fabbrica
Macerata
Magione
LAGO TRASIMENO
Corciano
Castiglione del Lago
ASSISI
NOCERA UMBRA
Macerata
Bastia
Chiusi
Siena
Panicale
Torgiano
Valtopina
Cannara
Paciano
Bettona
Spello
Firenze
CITTÀ DELLA PIEVE
Piegaro
Deruta
Bevagna
Gualdo Cattaneo
FOLIGNO
Montegabbione
Monteleone di Orvieto
Marsciano
Collazzone
Montefalco
Macerata
Sellano
Parrano
S. Venanzo
Fratta Todina
Trevi
FONTI DEL CLITUNNO
Preci
Cerreto di Spoleto
NORCIA
Castelluccio di Norcia
Fabro
Ficulle
Montecastello di Vibio
Allerona
Giano dell'Umbria
Castel Ritaldi
Campello sul Clitunno
Terme di Monterubiaglio
TODI
Vallo di Nera
CASCIA
ORVIETO
LAGO DI CORBARA
S. Anatolia di Narco
Ascoli Piceno
Castel Viscardo
Scheggino
Poggiodomo
Castel Giorgio
ACQUASPARTA
SPOLETO
Porano
Furapane
Abbazia di S. Pietro in Valle
Orbetello
Baschi
Carsulae
Monteleone di Spoleto
Montecchio
Guardea
Montecastrilli
Montefranco
Ferentillo
TERNI
Viterbo
Lugnano
AMELIA
SANGEMINI
Arrone
Polino
Alviano
CASCATA DELLE MARMORE
LAGO DI PIEDILUCO
Rieti
Attigliano
Giove
Penna in Teverina
NARNI
Stroncone
Viterbo
Roma
Otricoli
Calvi dell'Umbria
Roma
Roma
SEGNI CONVENZIONALI
E.P.T.
Camping
Ostelli per la Gioventù
Scavi Archeologici
Autostrada del Sole
Superstrada